ROBERT PATTINSON

Martin Howden

ROBERT PATTINSON

La biographie non autorisée
du vampire Edward Cullen de *Twilight*

GREMESE

À Nia, pour toute son aide et son soutien.

Martin Howden est un journaliste écossais spécialisé dans le monde du spectacle depuis plusieurs années. Il a travaillé pour World Entertainment News Network et collabore actuellement avec Yahoo! Movies. Il a publié plusieurs monographies, dont *Lily Allen – Living Dangerously* et *Danny Dyer – The Real Deal.*

Titre original :
Blood rivals – Robert Pattison: The Biography
Publié en Grande-Bretagne par
John Blake Publishing Ltd,
3 Bramber Court, 2 Bramber Road,
London W14 9PB, England
www.johnblakepublishing.co.uk

Crédits photographiques : les photos en couverture ainsi que celles du cahier central sont de Getty Images et Rex Features

Traduction de l'anglais : Patrizia Montanari

Impression : C.S.R. – Rome

ISBN 978-88-7301-692-2

Sommaire

Introduction

La saga Twilight *est axée sur un triangle amoureux qui a divisé les fans du monde entier. Qui des deux jeunes hommes Bella Swan devrait-elle choisir ? L'élégant, mystérieux et immortel Edward Cullen ou le loyal, amoureux et métamorphe Jacob Black ? Le débat bat son plein parmi les fans de* Twilight. *Mais il ne s'agit plus uniquement de cela. Les deux rivaux ne sont désormais plus confinés aux pages d'un livre, mais sont présentés sur la scène internationale comme deux des stars les plus prometteuses du moment : Robert Pattinson et Taylor Lautner.*

Pour des millions de fans, Robert Pattinson est *Edward Cullen. Puisque vous êtes sur le point de lire ce livre, c'est que vous êtes manifestement des grands fans de ce jeune acteur aux cheveux ébouriffés. Vous serez ravis de constater que le rôle qu'il interprète, celui du troublant et tourmenté Edward Cullen, est assez proche de sa personnalité hors caméra (mis à part l'aspect du vampire évidemment !).*

Robert est un garçon dynamique, passionnel et déterminé, qui s'est efforcé de trouver sa place dans le monde, à sa manière, et sans suivre les traces d'un autre.

Bienvenus dans son histoire.

Prologue

Nous sommes le 3 décembre 2008 par une de ces froides journées d'hiver à Londres, mais près de Leicester Square il est difficile de ne pas remarquer une hausse de la température. À l'origine de ce changement, un jeune acteur qui s'apprête à sortir du froid pour pénétrer dans la chaude atmosphère de la première anglaise de *Twilight – Chapitre 1 : Fascination*, l'histoire d'une jeune adolescente qui tombe amoureuse d'un vampire.

La voiture s'arrête, puis ses pieds touchent le tapis noir (qui remplace l'habituel tapis rouge) et c'est alors que tout le quartier vibre dans une cascade de hurlements et de flashs. Le son est assourdissant, l'atmosphère électrique et, debout au beau milieu de cette agitation, un Robert Pattinson clairement médusé et surpris.

Le jeune acteur de 21 ans est là pour promouvoir un film avec sa partenaire Kristen Stewart, âgée de 18 ans, mais il est clair que la majorité des fans se sont réunis pour le bel et jeune acteur britannique. « C'est l'un des nôtres ! » crie l'une des jeunes filles parmi les centaines qui ont bravé le froid glacial pour apercevoir leur nouvelle idole.

« C'est absolument fou » dit l'acteur, tremblant devant ces mots lorsqu'il commence à se rendre compte de l'attention dont il est l'objet. Ensuite, il se fraye un chemin vers le cinéma, les acclamations stridentes résonnant toujours dans ses oreilles.

À l'intérieur, de nombreuses célébrités et tout le gratin mondain de l'industrie du film et des médias sont présents, anxieux de voir la raison de tout ce tapage. Les lumières s'éteignent et le film commence. Surgit alors le personnage de Robert, Edward Cullen, dans une spectaculaire apparition – au ralenti, la caméra s'attardant sur lui – déclenchant des sursauts perceptibles parmi les spectatrices. Immédiatement, la question qui vient à l'esprit de chacun est : qui est ce Robert Pattinson et comment est-il devenu une telle star du jour au lendemain ?

Mais son succès ne s'est bien sûr pas fait du jour au lendemain, la carrière de Robert a connu plus de courbes que sa caractéristique chevelure ébouriffée. Voici donc l'histoire fascinante de la façon dont ce jeune homme sensible, intimidé par la puissante Hollywood, partisan de pièces de théâtre indépendantes et décalées, finit par briller dans l'une des plus grandes sagas des temps modernes.

Chapitre un

Enfance

« *Il était gentil, mignon et plutôt calme.* » – La tante de Robert

Robert Thomas Pattinson est né à Londres le 13 mai 1986, dans une clinique privée de Barnes, le quartier où il vécut ensuite une enfance heureuse et choyée avec ses parents, Clare et Richard, et ses deux sœurs aînées, Elizabeth et Victoria. Barnes est une banlieue chic de Londres, située au bord de la Tamise, dont les élégants et luxueux immeubles de la fin du XIXe siècle sont le témoin de la réputation haut de gamme.

« Mon père est originaire du Yorkshire et il a fait des tas de choses, proclame Robert. Dans les années soixante-dix, il est parti vivre aux États-Unis où il a travaillé comme chauffeur de taxi. Puis, il s'est lancé dans la vente de voitures dans les années quatre-vingt. Ma mère, elle, a travaillé comme agent artistique dans une agence de mannequins. Aujourd'hui, ils sont tous les deux à la retraite. » Comme à son habitude, Robert minimise ici le fait que son père ait en réalité monté une affaire lucrative d'importation de voitures de collection depuis l'Amérique.

Robert a grandi avec une grande éthique du travail, inculquée dès son plus jeune âge. Ses sœurs et lui ne furent jamais gâtés et même si leurs parents étaient aisés, ils veillèrent à leur apprendre la valeur de l'argent.

« J'ai commencé à distribuer des journaux vers l'âge de 10 ans. Au début, je gagnais dix livres sterling par semaine et le fait de gagner de l'argent fut une obsession jusqu'à mes 15 ans » dit Robert. Encore aujourd'hui, il a su conserver ces valeurs, préférant, après le succès de *Fascination*, acheter un véhicule d'occasion plutôt qu'une belle voiture de sport.

Clare et Richard veillèrent également à inculquer à leurs enfants une solide culture politique et artistique. « Je me suis longtemps passionné pour la politique, se souvient Robert, mais je ne suis plus vraiment dans le coup. Mon père est très branché politique ; son grand truc, c'est de soutenir systématiquement l'opinion inverse de son interlocuteur, même si elle ne correspond pas à ce qu'il pense réellement. Je fais avec depuis tout petit, ça t'oblige à savoir de quoi tu parles ! »

S'il avait choisi d'embrasser une carrière politique, comme il l'a un temps envisagé, Robert serait peut-être devenu plus célèbre qu'en tant qu'acteur. « Je ne suis pas allé très loin mais, oui, quand j'étais à l'école, je voulais faire de la politique. C'était tout simplement une idée qui me plaisait : je voulais me lancer dans la politique, c'était mon grand projet. Mais au moment de rentrer à la fac, je me suis dit : « Ben pourquoi m'embêter ? « Je ne veux plus avoir de devoirs à faire. » Il admet maintenant avoir du mal à se tenir au courant de l'actualité, à la fois par manque de temps et parce qu'il appartient désormais au monde du show-business, comme il le fait remarquer avec malice : « Je suis incollable sur Miley Cyrus ! »

Robert a grandi dans un foyer chaleureux, où on savait rire. « Il tient son sens de l'humour très particulier de son père », se souvient sa tante Diana Nutley lors d'une interview pour l'hebdomadaire *Us Weekly*. « C'est une famille très unie et de classe moyenne. Il a été élevé très modestement. »

Richard et Clare, originaires de Londres, se rencontrèrent dans un pub du comté de Surrey grâce à une connaissance commune ; Clare avait alors 26 ans et, Richard, 35. Le couple s'entendit rapidement sur la façon d'élever leurs trois enfants : ils leur laisseraient choisir leur propre voie, mais seraient fermes sur un point.

« Ma mère, mes sœurs et moi, nous nous exprimons très bien, explique Robert. Mes parents avaient tout simplement conscience de la différence de considération que produit, dans le monde, le fait de s'exprimer clairement. C'est tout simplement comme ça que j'ai été élevé. » Mais également dans une certaine humilité, semble-t-il, car un des compliments qui lui est souvent adressé est son absence de complexe de supériorité, malgré son énorme succès dans les films de la saga *Harry Potter* et dans celle de *Twilight*. Il n'a jamais été du genre à faire de l'ombre à ses collègues de tournage, les laissant volontiers s'exposer à la lumière des projecteurs, comme le prouve son apparition en 2009 au festival de la bande dessinée de San Diego, Comic-Con, où il refusa d'être interviewé seul et insista pour faire participer à l'entretien ses partenaires Kristen Stewart et Taylor Lautner, qui jouent respectivement les rôles de Bella Swan et Jacob Black dans *Fascination*.

« Il était gentil, mignon et plutôt calme » : voilà ce dont se souvient Diana Nutley à propos de son jeune neveu. Ainsi, tandis que la plupart des acteurs et chanteurs-vedettes abreuvent généralement les médias d'histoires sur leur enfance où ils se dépeignent focalisant toute l'attention sur eux dans les réunions de famille ou répétant devant le miroir leurs futurs discours de cérémonie des Oscars, Robert se décrit au contraire comme un enfant réservé et taciturne. En réalité, il était aussi joueur et drôle parfois, mais uniquement dans le cercle restreint de ses amis proches. « Il n'y a que quelques personnes qui me semblent mériter qu'on leur consacre du temps, dit-il. Je n'aime pas parler au téléphone ; je n'arrive pas vraiment à entretenir des relations avec les gens qui n'ont pas envie de passer me voir. En général, j'ai souvent l'impression de perdre mon temps, alors j'aime autant créer quelque chose plutôt que de traîner avec les gens ou de sortir pour discuter avec quelqu'un. »

Son désir de faire partie d'un groupe restreint de personnes dignes de confiance, que ce soit des copains d'école ou des camarades de tournage, plutôt que de traverser l'existence dans un flux constant de brèves rencontres, prouve bien son attachement profond à sa famille, même si la cohabitation avec deux grandes sœurs n'a pas toujours eu que de bons côtés. Ainsi, même si pour sa fidèle légion d'admirateurs il est désormais « R-Pattz », ses sœurs l'appelleront toujours « Claudia », elles qui n'avaient de cesse de lui donner une touche féminine, d'où ce sobriquet. « Quand j'avais 12 ans, mes sœurs m'habillaient en fille et me présentaient sous le nom de Claudia ! », explique Robert. Il avait aussi un autre surnom : « Patty ». Il aimait en fait beaucoup ce diminutif affectueux, au point que, des années plus tard, c'est ainsi qu'il appela son chien.

Chapitre deux

Rob à l'école

« Je n'aime pas les gens qui me disent ce que je dois faire. »
– Robert Pattinson

Bien que les médias décrivent l'éducation de Robert comme étant du genre bohème, ses souvenirs dans les deux écoles privées du pays ne semblent pas pour autant agréables. De 1992 à 1998 près de Sheen, il fréquente Tower House, une école élémentaire de garçons. Parmi les anciens élèves on peut aussi noter l'acteur anglais Tom Hardy, la vedette du film *Bronson*, acclamé par la critique en 2009. Robert va ensuite à Harrodian, une école mixte, privée et indépendante, proche de chez lui à Richmond.

Même s'il est jeune, le malicieux Pattinson est très content de fréquenter une école mixte. « L'année de mes 12 ans s'est révélée une période cruciale : j'ai été transféré dans une école mixte, je suis devenu plus désinvolte et j'ai découvert le gel coiffant » dit-il, avec une lueur dans les yeux. C'est aussi l'époque de son premier baiser.

La popularité de Robert auprès des filles n'est pas surprenante. Son physique lui a valu un essaim d'admiratrices bien avant que son visage ne tapisse les murs de nombreuses chambres. « C'était un garçon absolument charmant, raconte la secrétaire de l'école

Tower House, Caroline Booth. Tout le monde l'adorait, nous avions beaucoup de garçons séduisants ici, mais il avait quelque chose de spécial. Il était mignon à croquer, beau et blond. » Avec ce physique associé à cette image poétique presque rebelle, il n'est pas étonnant qu'il soit devenu la coqueluche des filles durant ses dernières années d'école. Toutefois, Robert mettra rapidement fin à cette réputation, en insistant sur le fait qu'il avait peu ou presque du rebelle : « J'étais plutôt timide » dira-t-il en évoquant son enfance scolaire. Sa tante Diana se rappelle : « Il avait beaucoup d'amis, mais peu de rendez-vous galants. »

Les deux écoles sont d'excellentes académies. Harrodian inculque certains principes à ses étudiants : « On s'attend aux bonnes manières et à la considération des autres, on encourage la conscience européenne et mondiale. » La mission de l'école est : « Les enfants doivent être encouragés à développer pleinement leur potentiel académique, physique et social dans une atmosphère joyeuse. On leur apprend en particulier à être éloquents en anglais et à parler français couramment. » Mais cet environnement strict et rigide ne semble guère correspondre à la vision qu'avait Rob de la vie. En revanche, au sujet de son français, il déclare : « Disons que je m'exprime comme un enfant de trois ans. » Il semble alors plus enclin aux arts et à la culture. « Ma prof préférée était probablement mon enseignante d'anglais, car elle me demandait d'écrire au lieu de répondre oralement aux questions. J'ai alors pris l'habitude de rendre un devoir de vingt pages d'absurdités qu'elle corrigeait toujours. C'était vraiment une prof incroyable. » Visiblement elle l'inspire encore, car Robert tente d'ajouter une autre corde à son arc, il veut devenir un auteur à succès : « J'ai entrepris la rédaction d'un livre, un roman, mais il s'agit d'une œuvre étrange, une sorte de roman de science-fiction, sans l'être réellement. Ça fait un temps fou que j'essaie de l'écrire. »

Les autres cours ont peu marqué le jeune Robert, mais c'est peut-être à cause d'un aspect particulier de son caractère. « Il était irrémédiablement paresseux, se rappelle sa tante Diana. Il n'a jamais vraiment beaucoup étudié. » « Je n'étais pas très studieux, admet-il. Mes bulletins étaient toujours assez mauvais. Je ne faisais jamais mes devoirs. Je ne fréquentais que les cours de mes profs préférés, mais mes bulletins trahissaient un certain manque d'assiduité. » Lorsque Robert étudiait sérieusement, alors en général il excellait, mais ces moments-là étaient assez rares et occasionnels. Il admet avoir vraiment essayé uniquement lorsqu'il entrait en compétition avec ses meilleurs amis dans une matière qui leur plaisait. « Le peu de fois où nous avons décidé de faire nos devoirs, c'était pour nous mettre en compétition. Si c'était un essai d'anglais ou quelque chose du genre, nous n'en faisions même pas quatre-vingt-dix pourcents. Mais lorsqu'un sujet nous semblait intéressant et nous intriguait, nous rédigions tous une sorte de thèse sur le sujet, juste pour nous défier. Heureusement, j'ai grandi entouré de gens compétitifs et artistiques, et je leur en suis énormément reconnaissant » déclare-t-il dans le magazine américain *Life Story*.

Son camarade de classe, Will Robinson, se rappelle : « Rob avait constamment le sourire aux lèvres et il était impertinent en classe. Tout le monde l'aimait bien. » Mais cela ne signifie pas pour autant que c'était un élève indiscipliné – bien qu'en 1998 il ait remporté l'Untidy Desk Award (prix du pupitre en désordre) – ni même désinvolte. Il préférait en fait rêver durant les cours plutôt qu'étudier. « J'aime bien regarder par la fenêtre. La plupart du temps je me détends. »

Malgré son indifférence envers le système éducatif, il finit pourtant par devenir le chef de la cantine d'Harrodian, mais c'est un rôle qu'il ne prit jamais au sérieux : « J'avais l'habitude de piquer une frite à chacun » plaisante-t-il.

En considérant les frais de scolarité d'Harrodian (un peu plus de quatre mille livres sterling le trimestre), il est compréhensible que le père de Rob se soit soucié de son assiduité scolaire. « Si j'avais fait des siennes à l'école, je faisais en sorte de me trouver au piano lorsque mon père rentrait du travail pour éviter de me faire disputer. » Toutefois, d'après Robert, son père avait finit par lui dire : « Ok, c'est mieux que tu abandonnes, puisque tu ne travailles pas assez. » Une autre tante de Robert, Monica Weller, confirme cette histoire : « Son père lui avait dit qu'il devait payer lui-même ses frais de scolarité et qu'ensuite il le rembourserait s'il avait de bonnes notes. Alors Rob se mit à poser comme mannequin. Et quand il réussit à obtenir un A et deux B, il avait décroché non seulement de bonnes notes, mais il avait aussi acquis une grande éthique de travail. » « Sa carrière a évolué très rapidement, il s'est trouvé au bon endroit au bon moment. Nous sommes tous très fiers de lui. »

Aujourd'hui, en y repensant, Robert reconnaît qu'il aurait dû se concentrer beaucoup plus sur ses études : « Je n'étais pas attentif à l'école et je n'ai pas réussi grand-chose. Je me souviens de ça maintenant et j'essaye toujours de ne pas perdre un seul moment de ma vie. Si j'avais pu faire autrement, je pense que j'aurais pris l'école un peu plus au sérieux. »

Comme sa tante Monica l'a affirmé précédemment, Robert a travaillé en tant que mannequin alors qu'il allait encore à l'école. Son premier job fut celui de livrer des journaux et des magazines et le second le fit apparaître dans ceux-ci. Étant donné que sa mère faisait partie du monde de la mode, certains peuvent avoir pensé qu'elle usa de ses contacts pour lui trouver du travail, mais il a probablement été remarqué pour son regard saisissant et son charisme naturel. Il décrocha rapidement une série d'engagements, y compris des séances photos pour des magazines pour adolescents. « J'ai été mannequin à 12 ans, le plus jeune des garçons et des filles de mon agence, raconte Robert. J'étais si maigre que je ressemblais à une fille, mais c'était une période où le physique androgyne était à la mode. Ensuite, je suppose que je suis devenu trop masculin et je me suis retrouvé sans travail. J'ai eu la carrière de mannequin la plus désastreuse de l'histoire. » Il ajoute : « On fait toujours allusion à moi en tant qu'ex-mannequin, pourtant je n'ai eu peut-être que trois engagements tout au plus. J'ai aussi posé pour des catalogues de bagues pour femmes, mais c'était parce que j'avais des mains très féminines, ce qui est encore le cas d'ailleurs. »

Par la suite, Rob reprendra son travail de mannequin et il apparaîtra dans la campagne promotionnelle de l'automne 2007 de Hackett (vêtements pour hommes). Sa carrière cinématographique allait se révéler plus fructueuse et épanouissante, mais ceci beaucoup plus tard. Il n'avait pas encore été touché par la fièvre du cinéma, mais alors qu'il se sentait arriver à un carrefour de sa vie, le destin, ou plus précisément, un groupe de jolies filles, a débarqué.

Chapitre trois

Une soif d'interprétation

« Je dois tout au Barnes. » – Robert Pattinson

Monica, la tante de Robert, se rappelle : « Aussi loin que mes souvenirs remontent, il a toujours voulu être acteur », mais il a commencé sa carrière d'une façon plutôt inattendue : « Mon père et moi nous nous trouvions dans un restaurant lorsqu'il remarqua un groupe de jolies filles, raconte Robert. Il décida donc de leur demander où elles allaient. Elles répondirent qu'elles se rendaient à un club de théâtre. Il me dit alors : « Rob, tu dois aller dans ce club. » [...] C'est la seule fois où il fit un truc pareil. C'était sans conteste une chose très bizarre et il insista pour que j'y aille. Au bout d'un moment, il a même fini par me dire qu'il voulait me payer, ce qui était franchement étrange. Je ne comprenais pas ses intentions. » Celles de Robert, en revanche, n'étaient peut-être pas si innocentes que cela, car il sourit en expliquant pourquoi il s'était rendu là-bas : « Beaucoup de jolies filles y allaient. »

Les deux écoles, Tower House et Harrodian, proposaient d'excellents cours de théâtre. Tower House affirmait que son club de théâtre permettait aux étudiants d'« acquérir une grande expérience en jouant devant un public, dans une ambiance détendue et désinhibée », tandis que Harrodian se vantait d'être une école

« de premier ordre en matière de spectacles théâtraux, d'expositions artistiques et d'événements musicaux ».

« Je n'aurais jamais dit qu'il serait devenu une star, mais il était très enthousiaste en ce qui concerne notre club de théâtre, je m'en souviens, déclara Caroline Booth, la secrétaire de Tower House. Robert n'était pas un enfant particulièrement studieux, mais il a toujours aimé le théâtre, dit-elle à l'*Evening Standard*, nous étions tous tellement contents qu'il ait trouvé un domaine dans lequel il puisse vraiment exceller. » Malgré ces cours excellents, un premier rôle à 6 ans dans une pièce intitulée *Spell for a Rhyme* (écrite par un enseignant de Tower House) et un rôle dans *Sa Majesté des Mouches* de William Golding, ce fut la compagnie de théâtre Barnes qui fit de lui l'acteur qu'il est.

Toutefois, à ce moment de sa vie, Robert devint de moins en moins sûr de lui : « J'étais timide, renfermé et je n'avais aucune estime de moi-même, dit-il une fois, mes 17 ans furent une des pires périodes de ma vie, car je cherchais ma place dans ce monde. » Dans une interview pour le magazine *GQ*, il se confia : « J'étais constamment en train de penser que je feignais mes émotions. Je me faisais continuellement des reproches : « Tu es un imposteur, un tricheur. »

« Je me rappelle qu'adolescent, convaincu que ma copine me trompait, je suis parti en faisant la tête. C'était totalement faux, en réalité, je ne ressentais rien. Alors je suis allé dans un pub, et en rentrant chez moi je me suis mis à sangloter. Je me suis couché en larmes dans le lit de mon chien et je l'ai serré très fort dans mes bras. À mon réveil au matin, il me regarda avec l'air de dire : « Tu es un imposteur. » Il s'est avéré par la suite que la fille en question n'était même pas en train de le tromper ! « Je pensais l'avoir vue avec un autre garçon, mais ce n'était pas elle. J'ai passé trois jours à m'excuser auprès de mon chien. »

On comprend mieux pourquoi son père a insisté pour qu'il participe au groupe de théâtre. C'était le moyen de lui faire reprendre confiance en lui, de rencontrer de nouvelles personnes et peut-être de développer quelques compétences en s'amusant au théâtre. Ainsi, après cette rencontre entre son père et le groupe de filles, Rob rejoignit le groupe amateur de la compagnie de théâtre Barnes. « C'était une école d'art dramatique juste au coin de la rue, se souvient Robert, je n'avais jamais fait de théâtre avant. Je ne faisais pas partie du groupe de théâtre de mon école, mais je finis par l'intégrer après que mon père et moi en ayons longuement discuté. J'y suis allé et j'ai travaillé dans les coulisses pendant un certain temps. Je n'avais jamais vraiment fait de théâtre auparavant à l'école. J'étais assez timide dans la vie, donc je n'avais jamais pris en considération cette possibilité. »

Bien qu'il ait travaillé pendant un certain temps dans les coulisses, il est clair que Robert était destiné à être sur scène. « J'ai décidé que je devais essayer de jouer, alors j'ai auditionné pour *Blanches Colombes et vilains messieurs* et j'ai eu un petit rôle. » Ce que Robert apprit immédiatement fut une sorte de pure libération qu'il ressentait lorsqu'il jouait. Alors que certains se replient sur eux-mêmes lorsqu'ils doivent interpréter, d'autres abordent cette expérience avec enthousiasme. Et lui était de ceux-là, et ce depuis ses débuts sur scène. « J'aime bien travailler sur quelque chose et ensuite avoir le trac et tout ce qui va avec, dit-il. J'aime l'interprétation, c'est la même chose avec la musique.

Vous pouvez être un peu désorienté et perdu lorsque que vous êtes sur scène, alors que si ça vous arrive dans la réalité, ce n'est pas une expérience agréable. Mais sur scène, c'est en quelque sorte contrôlé. »

Tandis que Robert réalisait que le théâtre se révélait un excellent antidote quant à son manque d'estime de soi, il découvrit aussi qu'il était naturel sur scène. À sa grande surprise, les gènes de l'interprétation courent dans sa famille : « Récemment mon père m'a dit : « Je suis vraiment une personne artistique. » J'ai été étonné, car je ne l'avais jamais vu comme quelqu'un de créatif. Je pense que moi et ma sœur [Elisabeth] sommes le reflet de cet aspect de sa personnalité, puisqu'elle aussi c'est une personne créative, elle est auteur-compositeur-interprète. »

Ce rôle ne fut qu'un petit pas pour Rob dans le monde du théâtre, mais il allait faire un grand saut dans la production théâtrale suivante en s'appropriant le rôle principal de la pièce américaine *Our Town,* écrite par Thornton Wilder. « Je n'étais pas un "enfant comédien" ou quelque chose de ce genre, dit Robert, je n'ai pas fait de théâtre à l'école. J'ai participé à ce groupe de théâtre quand j'avais environ 15 ou 16 ans surtout pour les filles, j'aimais vraiment aller là-bas et c'est tout. J'ai travaillé dans les coulisses. Je n'avais jamais eu la moindre intention de faire du théâtre jusqu'à *Blanches Colombes et vilains messieurs.* À vrai dire, de façon complètement inattendue, j'ai eu très envie de jouer le rôle de Nathan Détroit. Je n'avais jamais chanté en public ou presque rien. Et soudain, ce fut mon unique obsession. J'ai passé l'audition, mais je n'ai pas eu ce rôle, à la place j'ai joué le danseur cubain. » « Ensuite tous les bons élèves sont partis. Pour la production suivante, *Our Town* de Thornton Wilder, j'étais le seul assez grand pour jouer le rôle principal et je l'ai fait. »

Robert ne le savait pas, mais « Dame la chance » allait lui sourire. Certains acteurs essaient pendant des années de percer, mais pour lui tout alla très vite. Alors qu'il s'armait de courage pour interpréter pour la première fois ce rôle devant des spectateurs, ce qu'il ne savait pas c'était que dans la salle se trouvait un agent qui assistait à la représentation. Heureusement pour lui, elle fut impressionnée par sa prestation. Ça n'avait peut-être pas été parfait, mais elle y discerna un vibrant talent à l'état brut. Robert se souvient : « J'avais interprété un rôle dans une pièce de théâtre amateur et il se trouve que le metteur en scène avait une fille qui était agent et qui assistait à la représentation ce soir-là. Ce fut vraiment une chance inouïe. C'était la première représentation théâtrale de ma vie et un agent était présent. Je n'y avais jamais pensé. Cela ne m'était jamais venu à l'idée de devenir acteur. »

Robert s'était ainsi retrouvé avec un agent, mais il n'a jamais réussi à conquérir la fille pour laquelle il avait intégré le groupe de théâtre : « Non, mais lorsque je lui en ai parlé par la suite, elle pensa que j'étais dingue, donc cela n'aurait jamais vraiment marché entre nous. Mais elle fut la raison pour laquelle je commençai à jouer. C'était pour elle que j'allais au club de théâtre. »

En résumant cette expérience, Robert déclara : « Nombre d'entre eux sont devenus acteurs. Les directeurs, Rusty et Anne, étaient eux-mêmes des acteurs très talentueux. C'était vraiment un très bon groupe. Je ne serais pas monté sur les planches si je n'avais pas été au Barnes Theatre Club. Je lui dois tout. D'une certaine façon, c'est probablement le meilleur truc que j'ai fait et dont je suis le plus fier. »

Le Barnes Theatre Club lui a donné ce goût pour l'interprétation qui ne l'a plus abandonné. « Vous allez voir un film comme *Vol au-dessus d'un nid de coucou* et lorsque vous quittez le cinéma, votre démarche a changé. Cela vous donne une sorte de confiance liée simplement à la vision de quelque chose qui déteint sur vous. J'aime être capable de créer dans un film, dans le jeu, où vous pouvez être comme vous le désirez. C'est la seule manière de se concentrer vraiment sur quelque chose. » « En plus, tu peux tirer avec des pistolets et tout le reste ! » ajoute-t-il avec insolence.

À partir de là, il réussit à obtenir un rôle dans *Macbeth*, de William Shakespeare, mis en scène par le Old Sorting Office. C'est une association artistique caritative, située à Barnes, en faveur des jeunes talents du théâtre. Elle met en scène de nombreuses représentations et offre en outre une assistance professionnelle aux acteurs en herbe et des conseils professionnels pour les aider à améliorer leurs capacités et perfectionner leur art.

« Il n'a pas eu de formation professionnelle, raconte Monica, la tante de Rob. Il n'a pas été membre du Royal Academy of Dramatic Art, ni de quoi que ce soit d'autre. Il s'est formé uniquement au théâtre amateur. Nous sommes tous très fier de lui. »

Chapitre quatre

Le rôle magique de Robert

« *Cédric est compétitif, mais c'est aussi un chic type qui joue loyalement et reste fidèle au rôle.* » – Robert Pattinson

À chaque nouveau rôle, Robert continuait d'apprendre et s'améliorait. En 2004, il pensait avoir gagné le gros lot lorsqu'il décrocha un rôle dans le film *Vanity Fair, la foire aux vanités*, dirigé par Myra Nair. Le film est l'adaptation d'une satire sociale du XIXe siècle écrite par le romancier William Makepeace Thackeray. Sa vedette, Reese Witherspoon, interprète Becky Sharp, une jeune femme pauvre qui essaye de gravir les échelons de la société.

Robert raconte en résumant l'invraisemblable scénario : « Mon premier travail : j'étais le fils de Reese Witherspoon et pourtant je n'avais jamais fait de théâtre à l'école. Je n'étais pas dans une école d'art dramatique, ni quoi que ce soit de semblable. J'avais joué dans une pièce amateur et je finissais par faire un film avec Reese Witherspoon. »

En dépit de son rôle mineur dans le film, l'actrice qui a remporté l'Oscar se rappelle des moments passés avec lui : « Je me souviens qu'il était très très beau ! Je me disais : « J'ai vraiment un très beau fils ! » Je devais sans cesse pleurer et sangloter, mais il a été super. »

Néanmoins la joie de Robert se transforma en tristesse lorsqu'il découvrit que les quelques scènes qu'il avait tournées avaient été coupées au montage final – même si maintenant on peut les retrouver dans le DVD, dans la section des scènes supprimées.

Le choc dut certainement être énorme pour lui. Mais cela lui rendit probablement service et lui permit de garder la tête sur les épaules lorsque, au cours des années qui suivirent, il eut sa chance. Après avoir enduré l'embarrassant coup de vent dévastateur de son interprétation coupée du film, il ne prendrait rien pour acquis.

Une des raisons avancées est qu'il semblait trop vieux pour jouer le fils de Reese Witherspoon : elle n'avait que dix ans de plus que lui. C'est aussi l'opinion que partage Rob : « Elle avait 27 ans à ce moment-là et c'était ridicule. »

Malgré cette écrasante déception, Robert conserve un agréable souvenir de cette expérience confuse : « Vous avez une caravane et ce qui va avec, c'était le truc le plus ridicule. Et je me disais : « Je n'étais pas « supposé devenir acteur et pourtant je suis en train de « faire un film avec Reese Witherspoon. Comment est-ce possible ? »

Robert appréciait certains aspects de l'interprétation libre, créative et généralement non bridée. C'était un monde relativement éloigné du quotidien dans un bureau. « C'est le seul travail où tu peux faire ce que tu veux et où les gens doivent l'accepter. Si tu arrives au bureau irrité et que tu dis : « J'ai besoin de cogner « sur quelque chose parce que je dois faire cette base « de données », tu serais renvoyé. Mais en tant qu'acteur, ils ferment toujours les yeux et tu peux piquer des crises quand tu veux. »

Peu après *Vanity Fair, la foire aux vanités*, une autre chance fut donnée à Rob de laisser son empreinte dans le monde du cinéma. Il signa pour un rôle dans *L'Anneau sacré* en 2004, un film fantastique qui s'inspirait d'un poème épique allemand du XIIIe siècle et qui a par ailleurs inspiré *Le Seigneur des anneaux* de J. R. R. Tolkien. Mais ce fut pour le jeune acteur plus qu'une occasion de se mettre à l'épreuve, car le film fut tourné en Afrique et Robert se retrouva là-bas tout seul. Pour un esprit libre et indépendant comme le sien, ce fut une opportunité sans pareil dans sa vie.

Malheureusement, le tournage coïncida avec ses examens scolaires finaux, il dut donc jongler et organiser un programme d'études en fonction du calendrier draconien du tournage. Il réussit tout de même à obtenir un A et deux B, mais il n'en fut pas satisfait. « Je ne sais pas comment c'est arrivé, car je ne connaissais même pas la moitié du programme. C'est à ce moment-là que j'ai perdu confiance dans le système scolaire » dit-il.

L'Anneau sacré a pour vedettes Kristanna Loken de *Terminator 3 : Le soulèvement des machines*, Max von Sydow de *L'Exorciste*, et le célèbre acteur télé Julian Sands ; Rob quant à lui joue le rôle d'un jeune paysan médiéval. Le film reçut de modestes critiques et quelques-unes furent cinglantes, dont une notamment : « Un Tolkien teutonique qui fait rentrer de l'argent dans les caisses, illumine les esprits, les muscles et le budget. » Mais la comparaison avec Tolkien s'arrête là, car *L'Anneau sacré* était à des années-lumière de la réussite de ce film épique à grand succès.

Le film continua à avoir une vie quelque peu tortueuse, avec plusieurs changements de nom ainsi que la sortie de différentes versions. Sa distribution fut limitée à certains pays, dans d'autres il est sorti directement en DVD, alors qu'en Allemagne un nouveau montage a été réalisé pour une mini-série, qui s'est d'ailleurs révélée un énorme succès. Depuis, ce film est devenu en quelque sorte un objet rare pour les fans de Robert Pattinson et une collection de scènes ont été mises sur YouTube.

Mais les choses semblent sur le point de s'améliorer pour Robert, car une énorme opportunité allait se présenter à lui. Il signe pour jouer Cedric Diggory dans le quatrième volet d'*Harry Potter*, la plus célèbre saga de l'histoire du cinéma. Et là, finalement, *Vanity Fair, la foire aux vanités* se révéla une bénédiction. « Je venais de terminer le tournage d'un film à Cape Town, en Afrique du Sud, se rappelle Robert, j'étais resté là-bas trois mois dans un appartement à tout juste 17 ans, je revins donc vraiment confiant. L'agent du casting de *Vanity Fair* était le même que celui d'*Harry Potter*, ce qui peut m'avoir aidé, et j'ai été la première personne à auditionner pour n'importe quel rôle dans le film. »

Dans la tentative de remporter le rôle sportif de Cedric Diggory, Robert prétendit être un supporter de football et de snowboard. En fait, il préfère les fléchettes au football. « Je ne suis pas obsédé par le fait de vouloir interpréter des rôles étranges, mais je pense que j'en fais trop lors des auditions, c'est pourquoi personne ne croit vraiment en moi. »

Parfois on pourrait dire la même chose de la façon dont il se comporte sur le plateau. Il y a des moments où il perçoit la camaraderie comme une distraction ou du moins comme une chose qui pourrait être vue comme un manque de sérieux vis-à-vis du film. « Je ne savais pas comment j'allais être perçu, j'ai donc abordé *Harry Potter* déterminé à apparaître comme un véritable acteur et à ne parler à personne pendant un moment. Je ne sais pas exactement quand c'est arrivé, mais tout d'un coup je me suis retrouvé à faire partie du groupe, ils étaient tous très gentils. Cela aurait pu se révéler intimidant, mais ça ne l'a pas été. Nous avons passé une semaine à faire connaissance, à nous rendre ridicules et à faire un tas d'improvisations. Je faisais souvent équipe avec Rupert [Grint]. »

Robert se serait comporté par la suite avec le même désir et la même intensité sur le plateau de *Fascination.* Il pensait que la meilleure façon d'obtenir cette sensation de supraterrestre était de garder une certaine distance avec les acteurs. Dans une interview relâchée à *Moviehole.net*, il a déclaré : « Je n'ai parlé de rien d'autre que du film avec les acteurs, lors des séances de tournage pendant au moins un mois et demi. Cela crée une aura étrange autour de toi et les gens ne savent pas vraiment comment se comporter avec toi. Je voulais juste que le reste de la production pense à moi comme à une personne profonde. »

Revenons à *Harry Potter et la Coupe de feu* : Robert était déterminé à absorber toute l'expérience collective sur le plateau. Il était donc enchanté de se retrouver dans un film mettant en vedette certains des plus grands talents du théâtre de Grande-Bretagne, dont Sir Michael Gambon, Timothy Spall, Jason Isaacs, Maggie Smith, Alan Rickman et Ralph Fiennes. « Ils font paraître tout si facile, a-t-il déclaré avec enthousiasme. Je veux dire que quand tu les regardes, tu te dis : « Je « pourrais faire ça. » Ils peuvent faire un tas de choses en une seule prise de vue. »

Robert rit encore de son bref passage à l'écran avec Ralph Fiennes qui joue Lord Voldemort, l'instrument de vengeance de Potter dans les séries. « Je n'ai pas vraiment parlé avec Ralph Fiennes lors du tournage d'*Harry Potter* et la seule scène que j'ai tournée avec lui était celle où il m'écrase la tête avec son pied ! Ensuite je suis allé voir le film et il était là, une fille me dit : « N'est-ce pas vous qui avez joué avec Ralph « Fiennes ? », et moi j'étais sur le point de lui répondre : « Eh bien, non… », lorsque Ralph lui dit : « Oui, « je lui ai mis le pied sur la tête. » Notre conversation s'est limitée à cela ! »

Contrairement à ce que l'on aurait pu croire, l'acteur qui a le plus marqué Robert fut Warwick Davis, qui mesure à peine plus d'un mètre vingt, et qui joue le professeur Filius Flitwick, mais son rôle le plus célèbre est probablement le personnage de Willow dans le film fantastique homonyme, d'après une histoire de George Lucas. C'est précisément un des films préférés de Robert. « J'avais une scène où j'étais assis près de lui pour l'épreuve du dragon, dit-il en riant, je ne savais pas du tout quoi lui dire. Jusqu'à présent, c'est la seule personne à qui j'ai demandé un autographe. »

Enfant, Robert était fan de science-fiction et de fantastique : « Je me considère comme une espèce d'accro à l'ordinateur. J'allais aux conférences de science-fiction en Angleterre, comme celles sur le *Doctor Who*, et je les ai toujours trouvées très intéressantes. Je pense que j'étais vraiment accro à l'ordinateur, mais surtout aux jeux vidéo. »

Ceci dit, les intérêts de Robert ne se sont pas étendus jusqu'aux livres d'*Harry Potter*. Après avoir été retenu pour le casting, il déclara à la BBC : « Je n'ai lu aucun des livres, ni vu aucun des films, donc je ne peux pas dire que je suis un fan. Je les connais, il est difficile de ne pas en avoir entendu parler. Lorsque j'ai su pour le bout d'essai, j'ai lu le livre en un jour environ et je me suis rendu compte que je voulais vraiment jouer dans ce film. Il véhicule quelque chose de vraiment très spécial. Je pense que les gens regarderont les films pendant des années, il n'y a rien de semblable dans le genre. »

Robert fut intimidé par ce nouvel environnement : rien de ce qu'il avait fait auparavant n'était comparable. « Depuis que j'ai commencé à jouer, c'est mon genre d'être un peu fou. Je n'avais jamais vraiment fait quelque chose avant et il y a deux ans j'ai commencé à jouer, et depuis on peut dire que j'ai presque toujours travaillé. Et quand *Harry Potter* est arrivé, ce fut un très grand pas en avant pour moi et un événement exceptionnel dans ma vie.

« Les trucs comme les effets spéciaux sont probablement une des choses les plus étranges à laquelle s'habituer si vous n'avez jamais joué auparavant. Il y avait énormément d'effets spéciaux dans mon dernier film [*L'Anneau sacré*] et cela m'a aidé, même s'ils étaient à une échelle réduite. Ceux d'*Harry Potter* sont énormes : deux mille personnes environ ont travaillé sur le set pendant quatre ou cinq ans. Peu de films peuvent se permettre ce genre d'épopée. » Robert a admis avoir été si anxieux au début du tournage qu'il en aurait vomi de nervosité : « Au début j'étais un peu tendu, mais au bout d'une semaine, lorsque j'ai fait connaissance avec tous les gens du casting et que je me suis rendu compte qu'ils étaient tous sympathiques, alors cette sensation s'est envolée. Lorsque j'ai fait ma première scène, celle du labyrinthe, il y avait une équipe d'environ cent cinquante personnes, moi, Dan [Radcliffe] et le producteur. Par la suite, il est arrivé que près de deux mille personnes soient impliquées dans le tournage. Je suis vraiment content d'avoir pu commencer dans un environnement plus détendu et d'avoir eu la possibilité de m'adapter progressivement. »

Cedric Diggori est d'abord cité dans *Harry Potter et le Prisonnier d'Azkaban* avant qu'il ne fasse sa première apparition dramatique dans *La Coupe de Feu*. En parlant de son personnage, Robert dit : « Cedric est compétitif, mais c'est aussi un chic type qui joue loyalement et reste fidèle au rôle. Je m'identifie à lui sur deux aspects. Je ne suis pas aussi correct que lui, il a tendance à toujours vouloir faire la chose la plus juste et moi en revanche je n'en ressens jamais le besoin. Je pense que c'est un personnage vraiment fantastique. Il n'incarne pas complètement le cliché du bon garçon à l'école. Il est relativement calme. En fait, c'est vraiment un brave garçon, mais il ne fait pas beaucoup d'efforts pour l'être ou pour quoi que ce soit d'autre d'ailleurs. C'est juste un garçon "normal". Je réussis à m'identifier à lui. C'est un personnage fascinant et son histoire est intéressante à jouer. »

Daniel Radcliffe, qui joue Harry Potter, dit du personnage de Robert : « C'est l'archétype du héros qui réussit à conquérir les filles, en l'occurrence ici ma copine. Mais en fin de compte Cedric et Harry sont liés par un respect mutuel et un sens de la loyauté. »

Le réalisateur Mike Newell explique : « Cedric représente tout ce à quoi vous vous attendez du champion de Hogwarts. Robert Pattinson était né pour ce rôle, il est anglais par quintessence avec cet aspect soigné de brave garçon anglais de l'école privée. »

Le tournage du film s'est révélé très long. « Sur la fin c'était fatigant, a admis Robert. J'ai tourné pendant environ onze mois. Mais au bout du compte ce fut vraiment amusant, et il y eut des moments incroyables et véritablement beaux. »

Comme le dit Robert, le tournage se révéla difficile pour les jeunes acteurs. Une scène en particulier, où pour les besoins du film, on le voit avec Radcliffe lors d'une séquence éreintante sous l'eau. « Il y a plein de choses que j'ai aimées sous l'eau, se rappelle Robert. Cela m'a semblé thérapeutique au bout d'un moment. Je n'ai jamais fait de plongée sous-marine auparavant et le bassin dans lequel nous nous sommes entraînés était petit. Mais celui du tournage était énorme et ils s'attendaient tous à ce que tu y rentres et que tu joues. C'était vraiment étrange. C'était le bleu total et il y avait aussi des plongeurs avec un équipement de plongée entièrement bleu lui aussi. On ne voyait vraiment rien. Je devais tourner une scène qui durait trente secondes et je ne pouvais laisser échapper ne serait-ce qu'une bulle de ma bouche car dans le film j'étais capable de respirer sous l'eau. »

En parlant de la mort dramatique de son personnage, Robert sourit : « J'ai regardé les autres acteurs et j'ai pensé : « Mon Dieu ! Vous en avez de la chance ! Vous avez encore trois autres films garantis. » Il fit une brève apparition dans une séquence flash-back de *L'Ordre du Phénix*, mais sa prestation dans la saga était essentiellement finie.

En revanche si Robert pensait s'être habitué à travailler dans des super productions comme *Harry Potter et la Coupe de Feu*, il eut un autre choc lorsqu'il arriva à Londres pour la première. Alors que la présence de la foule en délire pour Daniel Radcliffe et les autres acteurs principaux était compréhensible, car on savait que la plupart des gens étaient là pour eux, même Robert fut reçu avec une incroyable ferveur. Il contemplait les fans hurlants et se demandait ce que l'on éprouvait à faire l'objet d'une telle attention de façon continue. Il n'allait pas tarder à le savoir, mais à ce moment-là de sa carrière, il était juste un rouage dans une machine très bien huilée.

« Toute la journée de la première j'étais en transe, se rappelle-t-il. Le jour d'avant j'étais tranquillement assis dans Leicester Square, heureux d'être ignoré de tous. Puis soudain des étrangers se mirent à crier mon nom. Incroyable ! » Mais au moins il a pu observer la façon dont les jeunes acteurs d'*Harry Potter* géraient leur célébrité : « Personne ne m'a jamais vraiment donné de conseils. À vrai dire, je n'en ai pas vraiment demandé. Mais j'imagine qu'il suffit de regarder la façon dont se sont comportés les protagonistes d'*Harry Potter*. Ils sont encore tout à fait normaux et lucides. [...] Je crois que c'est juste dû au fait qu'ils ignorent combien leur vie est surréaliste d'un point de vue extérieur, et qu'ils vivent tout comme si c'était la réalité. Ils vivent tout simplement une vie normale et ne traitent personne de façon différente, y compris eux-mêmes. Je pense vraiment qu'il n'y a aucune raison de changer, vraiment. Je pense que la seule raison pour laquelle vous voulez être acteur, c'est que vous êtes complètement fou et que vous ne voulez pas que quelqu'un le sache. »

Alors que de nombreux acteurs auraient aimés jouer dans un film qui a eu une première aussi luxueuse, pour Robert ce fut différent. Non seulement la foule l'étourdit, mais il découvre qu'il déteste se voir à l'écran. « Je n'ai vu aucune de mes prestations après *Harry Potter*. J'y suis allé parce que toute ma famille serait venue pour le voir. Je n'arrive pas me regarder. Je reste là à écouter les réactions des autres. C'est une chose que je n'arrive pas à gérer. Cela me semble inutile de se regarder, tu peux seulement devenir mégalomane ou te déprimer, donc comme ça j'évite l'un et l'autre. »

Bien que les acteurs d'*Harry Potter* aient choisi des voies différentes, ils sont enchantés du succès de Robert. Daniel Radcliffe déclare : « Je ne prétends pas que nous sommes des amis proches ou que nous nous connaissons très bien, mais nous avons vraiment eu du plaisir à travailler ensemble ou du moins j'ai été ravi de travailler avec lui ! Il est en train d'entreprendre une belle carrière, ce qui est fantastique. Ce qui est intéressant à mon avis c'est que *Twilight* est la seule autre saga qui se rapproche d'*Harry Potter* pour les passions qu'elle déclenche, l'attention portée aux protagonistes et le succès mondial. »

Tom Felton, qui joue Draco, a déclaré peu après la sortie de *Fascination* : « C'est juste génial de voir quelqu'un qui a joué dans *Harry Potter* avoir une vie après ça, et avoir encore plus de succès ! Donc je lui souhaite le meilleur et je promets que j'irai bientôt voir *Fascination* ! »

Suite au triomphe d'*Harry Potter*, Robert fit la une de la presse britannique. Le journal londonien *Evening Standard* le définit comme « le nouveau Jude Law », et peu avant la sortie du film il figura dans le *Times*, dans la rubrique « Almost Famous », qui passe en revue les acteurs britanniques aux talents les plus prometteurs.

« Ce jeune de 18 ans au visage frais est si photogénique, il déborde tellement de charme et de sympathie, que les directeurs de casting lui ont prédit un grand avenir. »

Si les gens pensaient que Robert se serait fait immédiatement une grande place parmi les célébrités, ils se trompaient. Mais Robert est convaincu que cette période plus tranquille entre *Harry Potter* et *Twilight* l'a aidé à garder la tête sur les épaules, après l'énorme intérêt médiatique dont il a fait l'objet. « Le fait de se retrouver à la une pendant quelques mois, qu'ensuite d'un coup plus personne ne s'intéresse à vous, ça aide à s'habituer à ce genre de choses. Une fois que vous êtes insensible à l'échec, c'est comme s'il n'y avait plus de problèmes. Ce qui m'a surpris c'est la rapidité avec laquelle ils m'ont reconnu dans *Fascination* après *Harry Potter*. C'est drôle parce que les adolescentes disaient : « Oh mon Dieu, mais c'est Cedric. » Et tout de suite après : « Oh mon Dieu, mais c'est Edward. » La dévotion est si volubile dans le monde des adolescentes. »

Toutefois *Harry Potter* a servi à une chose : à enterrer définitivement son intérêt pour la politique. « J'étais sur le point de faire le truc classique : aller à l'université pour étudier les relations internationales. Je voulais devenir politicien, mais *Harry Potter* a décidé pour moi. » « J'avais encore l'intention d'aller à l'université, mais *Harry Potter* s'étant prolongé, je n'ai plus pensé aux études. J'ai simplement mis le pied dans le monde de l'interprétation et ensuite, après avoir fini le film, j'ai pensé : « Eh bien, je suppose que « je suis un acteur maintenant. »

Chapitre cinq

Un tournant décisif

« *Je ne savais pas si je voulais devenir acteur.* »
– Robert Pattinson

Après sa participation au film *Harry Potter et la Coupe de Feu*, il semblait que la nouvelle coqueluche tenait le monde entre ses mains. Toutefois, alors que tous s'attendaient à ce que Robert suive un chemin, il en prit un autre. Au lieu d'augmenter sa cote de popularité en jouant dans un film à gros succès, il a préféré améliorer ses talents d'acteur plutôt que de gonfler son compte en banque. « Après *Harry Potter*, je voulais m'implanter dans le monde du théâtre et faire quelque chose d'excentrique. On m'a proposé un truc américain dont le contrat comprenait trois films et je ne l'ai pas fait... Je ne savais pas vraiment quoi faire à ce moment-là, alors j'ai plutôt préféré ne rien faire ! À vrai dire, il y avait un scénario qui me plaisait vraiment. Je me suis retrouvé dans les deux derniers sélectionnés et ils ont pris l'autre, ce qui m'a un peu énervé. »

Après avoir loué à Soho un « ancien refuge de fumeurs de crack », Rob et son copain d'enfance, Tom Sturridge, lui aussi acteur, ont passé leur temps à se reposer et à jouer de la musique. C'était une période que Robert décrit comme « la plus belle qu'il ait jamais vécue ». « Nous avons passé la plus grande partie de l'année à nous soûler toutes les nuits. [L'appartement] était fantastique. Vous deviez traverser la cuisine d'un restaurant pour monter sur les toits, mais vous pouviez marcher le long des toits. Je n'ai rien fait pendant un an, je restais simplement assis sur le toit et je jouais de la musique. »

Sturridge, qui a également joué dans *Vanity Fair, la foire aux vanités*, est aussi apparu dans la rubrique des « Almost Famous » du *Times* avec la description suivante : « Il est devenu un jeune homme avec un grand potentiel pour les rôles romantiques. » Depuis le début de leur carrière, déjà tout jeunes, ils ont régulièrement été en compétition lors des auditions. « À chaque fois, nous nous retrouvons l'un contre l'autre, même si nous sommes complètement différents » raconte Robert.

Lorsque Robert se consacrait à un nouveau travail, ce n'était pas pour quelque chose qui était lié à une étoile montante. Il accepta un rôle dans une pièce allemande inconnue, intitulée *The Woman Before* au Royal Court Theatre de Londres, aux côtés de l'actrice Helen Baxendale de *Friends*. Robert devait interpréter le rôle du protagoniste, mais peu de temps avant la soirée d'ouverture il fut remplacé par Tom Riley. « À ce moment-là je pensais : « Ouah ! Je dois être grand, je « suis comme ce p***** de [Marlon] Brando » se rappellera Robert plus tard. « Je me répétais : « Je ferai l'ex- « centrique, c'est comme ça que je vais me promouvoir » et au contraire j'ai fini par me faire renvoyer. »

En réexaminant clairement la situation, il dit aux journalistes, « C'est un hasard [que je me sois retrouvé à faire du théâtre]. Je n'ai jamais suivi de cours ou quelque chose dans le genre et c'est seulement depuis peu que je me sens un peu plus à l'aise. Dans *Harry*

Potter, j'étais si conscient du fait que je ne savais pas ce que je faisais là que parfois je m'asseyais près du plateau de tournage pour vomir. Toutefois, je pense que maintenant je vais m'inscrire dans une école de théâtre. J'ai fait un spectacle dont j'ai été renvoyé, dans le West End, et j'ai réalisé que je dois apprendre des choses fondamentales telles que savoir jouer ! »

Depuis Robert a eu une vision plus positive quant à son renvoi de la pièce, il a déclaré à *You Magazine* : « J'aimais la liberté et ce que l'on pouvait faire en jouant. Par exemple, si vous voulez avoir l'air triste, vous n'avez pas à faire un visage triste, ce qui est encore ce que j'essaye de faire dans pas mal de rôles. C'est pour la même raison que lorsque j'ai essayé de prendre des risques, j'ai été renvoyé de cette pièce. J'ai changé depuis. Mais c'est probablement une des meilleures choses qui me soient arrivées. J'ai obtenu quelques rôles après ça en disant que j'avais été renvoyé pour défendre ce en quoi je croyais. »

Suite à cette déception, Robert eut très vite une autre chance et la saisit au vol. Il commença dans le palpitant film télévisé britannique, *The Haunted Airman*, basé sur le roman de Dennis Wheatley, *The Haunting of Toby Jugg*. Robert jouait le personnage principal, un lieutenant de vol transféré dans un lointain château écossais après avoir été blessé durant la Seconde Guerre mondiale. Les choses tournent mal lorsqu'il commence à souffrir de visions terrifiantes. « J'ai interprété le rôle d'un pilote paralysé après avoir été blessé lors d'un conflit armé. Il souffre d'une terrible psychose traumatique et devient pratiquement fou. C'était un grand rôle, j'étais tout le temps assis dans une chaise roulante, et je fumais cigarette sur cigarette pendant tout le film. »

Grâce à *The Haunted Airman*, il a la chance de faire une fois de plus équipe avec Julian Sands, qui avait joué dans *L'Anneau sacré*. Sands est le terrifiant psychiatre qui soigne le pilote.

Le magazine *The Stage* définit le film comme « une histoire de fantômes, bien réalisée et suffisamment effrayante ». Grâce à son interprétation Robert a reçu de bonnes critiques pour sa « parfaite combinaison de terreur juvénile et sa cynique fatigue du monde ». Une référence aussi à son physique est inévitable : « Un acteur avec une belle mâchoire, si carrée qu'elle pourrait rompre du granite ! »

Ensuite Robert fut le protagoniste d'un autre film télévisé britannique aux côtés de Catherine Tate, une comédie dramatique intitulée *The Bad Mother's Handbook*, basée sur un roman de Kat Long. Robert y interprète le rôle d'un étudiant ringard qui a le béguin pour la fille du personnage de Catherine Tate. Il montre l'acteur, habituellement confiné dans des rôles dramatiques, dans une comédie plus légère qui souligne ses talents variés.

Ensuite, il y eut le charmant et décalé *How to be*. Le réalisateur Oliver Irving, lors de son premier film, se souvient de l'audition de Robert : « Lorsque Robert est arrivé à l'essai, il m'a rappelé des gens que je connaissais. Je crois qu'il avait oublié son texte et il a commencé à improviser, ce qui était exactement ce que je voulais, quelqu'un qui puisse simplement devenir le personnage et abandonner la technique apprise à l'école de théâtre. J'ai eu la sensation que ça allait bien se passer avec les autres acteurs du film. [...] C'est un garçon qui a vraiment les pieds sur terre. Il était drôle parce qu'il nous avait dit qu'il avait eu un rôle dans

Harry Potter, mais comme vous pouvez l'imaginer, beaucoup d'acteurs en Angleterre ont eu des petits rôles dans ces films. De plus, il le minimisa, et sur le moment je n'y ai donc pas prêté beaucoup d'attention jusqu'à ce qu'il ait finalement été choisi pour faire partie du casting et que je regarde alors le film d'*Harry Potter* dans lequel il avait joué et j'ai réalisé qu'il avait interprété un des rôles principaux. »

En dépit du fait qu'il aurait dû être présent à tous les festivals cinématographiques indépendants du monde, *How to be* ne bénéficia pas d'une bonne distribution. « C'est vraiment aléatoire, déclare Robert, et c'est pourquoi j'aime ça. Il était pratiquement impossible à distribuer et lorsque vous voyez comment ils ont essayé de le vendre, vous vous dites : « Cela ne rend pas l'idée ! » Le film raconte l'histoire d'un jeune homme solitaire qui s'appelle Art, un auteur-compositeur-interprète qui a du mal à joindre les deux bouts et lutte pour faire face aux difficultés de la vie. Après que sa petite amie l'ait quitté, il retourne vivre chez ses parents avec d'étranges conséquences. Robert est immédiatement tombé amoureux du film et du rôle. « C'est un type… que l'on pourrait définir comme médiocre. Il ne semble pas appartenir à un groupe de personnes spécifique. Il n'est pas particulièrement déprimé, mais il pense qu'il l'est. Il n'est pas stable émotionnellement, ce qui est le cas, je pense, de la plupart des gens. C'est un garçon qui tourne en rond surtout et qui est complètement pris par la routine. Art se sent prisonnier, piégé par sa propre existence et c'est pour ça qu'il est plein de ressentiment. C'est un ami très exigeant. Il ne demande rien de particulier, mais il est juste psychologiquement très fatiguant pour ses amis. C'est pourquoi je suppose que ceux-ci ont presque coupé les ponts avec lui, même s'il semble relativement normal et sympathique. »

Pour compléter l'apparence du personnage, Irving a exigé deux choses de Robert. « Je lui ai dit : « Tu ne « peux absolument pas te couper les cheveux à partir « de maintenant et ce jusqu'au tournage. » Nous devions lui donner la coupe de cheveux la plus ingrate possible et nous avons un petit peu trop coupé la longueur de ses pantalons. Ces petites ruses ont ainsi atténué sa beauté. »

How to be est arrivé à un moment où Robert commençait à se désintéresser du cinéma. « Il pensait quitter la scène pour se consacrer à la musique en solo lorsque ce rôle lui a été proposé, se souvient Irving. Il voulait s'essayer dans des rôles qui ne lui étaient jamais attribués. Il recherchait de nouveaux défis, ce qui lui permit de prendre des risques dans la vie professionnelle. »

Robert se souvient avec tendresse de ce film qui jouit maintenant des bénéfices de son succès et il en est content. « *Twilight* lui a donné un coup de main. Je suis allé au festival d'Austin [pour *How to be*] et il a fait le plein grâce à *Twilight.* J'aimais le scénario. J'ai aimé la fin. Personne n'a applaudi et ne s'en est rendu compte. J'étais convaincu que c'était un très beau final, même si ça n'était pas vraiment le cas. »

Irving est évidemment reconnaissant envers Robert. « J'ai réellement été touché par le retour positif qu'a reçu ce film. Le soutien que nous avons eu a été incroyable. Lorsqu'il a été projeté la première fois, il a obtenu de très bonnes critiques, mais ce qui a changé c'est le nombre de personnes dans la salle. Quelques-uns l'ont même vu plusieurs fois et certains spectateurs ont commencé à se familiariser avec les personnages et même parfois à inventer des slogans, ce qui est génial. J'aime bien entendre les rires pendant le film, j'aime vraiment ça, ça lui donne toute sa valeur. [...] De temps en temps quelqu'un appréciera le film sans avoir vraiment entendu parler de Rob, a-t-il ajouté. Mais ensuite les gens diront en général : « Je suis venu « pour Rob, mais ensuite j'ai aimé ce film pour ce qu'il « est. » Je peux dire que leurs réponses sont sincères, donc je suis vraiment heureux que ce soit la célébrité de Rob à avoir apporté autant de spectateurs potentiels. Je suis content que le film ait obtenu la mention spéciale au Slamdance [festival annuel pour films indépendants de l'Utah] longtemps avant que n'explose la popularité de Rob. Ce qui soulage en quelque sorte mes névroses. »

Ce film a remporté d'autres prix dans le monde, dont celui de la meilleure photographie et du meilleur acteur pour Robert au festival international du film de Strasbourg et au First Glance Film Festival d'Hollywood. Ce fut aussi un triomphe personnel pour Robert, surtout parce qu'il put vraiment s'identifier au personnage. « C'est une drôle de sensation, vous ne savez pas vraiment ce que vous allez faire de votre vie. À cette époque, je n'étais pas sûr de vouloir devenir acteur. Je ne savais pas ce que je faisais. Je n'allais pas à l'université. J'étais en train de vagabonder, et je ne me sentais pas particulièrement bien dans quoi que ce soit, mais en même temps je désirais désespérément quelque chose et je pensais : « Tu n'atteindras jamais le « but que tu t'es fixé. »

Rob est enchanté que le film ait été placé sous une

bonne étoile, mais il lui a aussi servi à renforcer son opinion sur le fait que l'industrie cinématographique n'offre pas davantage de possibilités aux films de ce genre. « Je n'aime pas la manière dont l'industrie cinématographique procède. Si vous venez avec un bon scénario et qu'ensuite il va dans les studios et obtient des financements, alors tout peut changer, car c'est le bénéfice qui les intéresse. Mais comment savoir s'il va rapporter de l'argent ou non ? Tout ce que vous faites c'est l'homologuer et pendant que vous le faites, pendant que vous en faites un scénario générique, il n'y a aucune garantie pour autant qu'il vous rapportera de l'argent. »

Chapitre six

Robert devient sérieux

« Je ne voulais pas rester cantonné aux rôles de jeune premier du collège. » – Robert Pattinson

Le battage médiatique qui entoura Robert après le succès d'*Harry Potter* fut vite oublié. Son curriculum vitae depuis lors consistait en une pièce du West End dont il avait été renvoyé et quelques rôles extravagants. Faire l'acteur décevait de plus en plus Robert, non pas pour la quantité de rôles qu'on lui offrait, mais pour leur qualité. Trop souvent, ils ne se révélaient pas à la hauteur de ce qu'il désirait et lorsqu'ils l'étaient, soit la lutte était rude pour obtenir une distribution, soit les films basculaient directement dans la programmation télévisuelle. Pire encore, certains pouvaient prendre des années avant d'être réalisés en raison des difficultés pour rassembler les financements.

Mais Robert se cramponnait toujours à ses idéaux. Pour autant que l'ambitieux jeune homme désirât faire sensation dans le monde du théâtre, il tenait cependant à s'assurer que ce soit à ses conditions. Heureusement pour lui, il eut la chance de réaliser son désir après avoir signé pour un rôle dans *Little Ashes* : un film sur la vie du fameux artiste Salvador Dalí. C'était un de ces projets autour duquel Robert avait tourné pendant longtemps et il fut ravi lorsque finalement on lui donna une réponse affirmative pour jouer le rôle de Dalí.

Né en 1904, Salvador Domingo Felipe Jacinto Dalí est vu comme l'artiste le plus célèbre de l'époque surréaliste. Mais ce sont ses jeunes années, lorsqu'il rencontre le poète et dramaturge Federico García Lorca, qui représentent l'essence de ce film.

Le réalisateur Paul Morrison a dit du film : « *Little Ashes* est d'abord et surtout une histoire d'amour, émouvante et tendre. C'est un amour interdit entre deux hommes, qui part d'un désir douloureux, silencieux, qui évolue en un moment incandescent et glorieux de promesses, pour finir dans le rejet et la désillusion. L'amour de Lorca pour Dalí donne au film sa forme et son épine dorsale dramatique. C'est principalement un film d'acteurs, vrai et beau, intime et dépouillé. L'interprétation y domine. »

Le commentaire de la production du film promettait : « Le public tombera amoureux avec Lorca, il sera captivé par la sensibilité, la vulnérabilité, qui se cachent derrière les attitudes et les feintes du timide et brillant Dalí. On l'admire et son extravagance fait craindre le pire. Ensuite, on a peur pour Lorca lorsqu'on réalise que les masques de Dalí sont devenus son visage, qu'il a commencé à croire en ses actes et que Lorca et son amour se retrouvent victimes du narcissisme et de l'ambition de Dalí. »

Incarner Dalí fut une grande opportunité pour Robert. Mais au départ, il devait jouer l'autre rôle principal, celui de Lorca, le poète homosexuel qui s'embarque dans une relation passionnelle avec Dalí. « Pour Lorca et Dalí, j'ai dû voir tous les jeunes acteurs émergeants qui étaient disponibles en Espagne et au Royaume-Uni » raconte Morrison. « Au départ, Rob lisait Lorca, et j'allais distribuer le rôle de Dalí en Espagne. Mais Rob se sentait tellement plus Dalí, il avait tellement ce mélange d'intelligence aiguë, de vulnérabilité et de conscience de soi que sollicitait le rôle, que cela m'a fait changer d'avis, et que je l'ai amené à lire Dalí. Il était parfait. En fait, je n'avais vu personne en Espagne d'assez convaincant pour jouer le rôle de Dalí. »

« J'ai été lié à ce projet pendant plus ou moins deux ans, je crois, ajoute Robert. Cela a pris un temps fou pour réaliser ce film. C'était vraiment un scénario intéressant et alors que j'avais été choisi depuis à peu près un an pour interpréter Lorca, soudain je me suis retrouvé à jouer Dalí. Une autre année est passée et brusquement ils m'ont dit : « Nous avons l'argent, nous allons tourner en Espagne et le tournage commence dans quatre jours ! » J'y suis donc allé et j'ai simplement imaginé que cela serait une sorte de divertissement. Je veux dire, vous savez comment est Dalí, il a fait un tas de trucs assez fous, et j'ai pensé que ce serait assez drôle de le faire. »

Robert croyait que le travail allait se révéler très satisfaisant, mais ce ne fut pas une partie de plaisir. « Je pensais que je me serais fait des vacances en Espagne, dit-il, mais ce fut extrêmement dur. Je n'avais jamais fait un travail aussi difficile. »

Bien que la logistique du tournage, dans un environnement où l'essentiel de l'équipe parlait une langue étrangère fut en soi difficile, le principal problème fut en réalité lui-même. Comme à son habitude, il ne s'était pas facilité la tâche. Déterminé à s'immerger complètement dans le rôle, il plongea dans des heures et des heures de recherches, creusa les maintes contradictions qui entouraient l'enjoué et complexe Dalí, dans la tentative de trouver la bonne clé pour ce rôle. « Pendant tout ce temps, je n'ai pu parler à personne. Je me suis juste concentré sur le matériel de Dalí. Je ne faisais que lire, lire et relire, et ce fut l'un des travaux les plus satisfaisants de ma vie, car ce fut un moment où je n'eus vraiment aucune distraction. Cela a réellement changé toute mon attitude vis-à-vis de l'interprétation. C'est un petit film que probablement personne ne verra je pense. Mais c'était très intéressant, en particulier parce que je n'ai rien à voir avec Dalí. Néanmoins à la fin du travail, un peu de moi lui ressemblait. »

« Lorsqu'il était plus jeune, si vous lisez ses documents autobiographiques, il a écrit trois autobiographies qui se contredisent complètement. Il dit littéralement dans l'une d'entre elles, que sa mère lui a sucé la b*** et toutes sortes d'histoires. Dans une autre, il dit que sa mère était la meilleure mère au monde et qu'elle lui a donné la plus belle enfance qui soit. Il y a les chapitres appelés "Vérité" et les autres appelés "Mensonges"… C'est vraiment amusant. Il y avait tellement de choses à ce propos que je trouvais fascinantes. C'était une personne incroyablement complexe. »

« Je n'étais pas vraiment un grand fan de [son] art. Et maintenant, j'éprouve une sorte d'affection envers cet homme en tant que *personne.* Je veux dire que je le trouve fascinant et d'une certaine façon, je me suis beaucoup rapproché de lui. J'ai aussi apprécié davantage l'art. Comme avec beaucoup d'artistes qui sont peintres ou autres, j'apprécie plus leur art une fois que je connais leur histoire. » « Il avait peur que les gens sachent qui il était. En ce sens, je me rapproche assez bien de lui. La complexité de cet homme était incroyable » dit-il, en ajoutant rapidement : « Je ne dis pas que je le suis, car ce n'est pas le cas. »

Bien que *Little Ashes* puisse sembler le film parfait pour contrebalancer le succès et l'effet de mode de *Twilight* et Edward Cullen, il fut tourné avant le film à succès, même s'il fut distribué après.

Toutefois, Robert remarque qu'il y a des parallèles entre les deux personnages principaux. « [*Little Ashes*] est une histoire d'amour dévastatrice. Deux personnes tombent amoureuses, mais elles ne se rendent pas compte de l'importance de leur rapport et cela ruine leur vie, en particulier celle de Dalí, car c'est un homme très sensible. Dans *Twilight* c'est la même chose, mais elles en ont conscience. »

Il aurait dit au magazine *Life Story* : « Je ne crois pas que beaucoup de gens vont penser : « Ouah, c'est « exactement la même chose que *Twilight.* » Je pense que c'est un peu trop différent pour que ça arrive. »

Mais une similitude est possible : Robert interprète un personnage connu de millions de personnes, même si l'un est fictif et l'autre complètement réel. En parlant de son approche dans l'interprétation d'une personne dont l'image est déjà dans l'esprit des spectateurs, il dit : « Je pense que sous de nombreux aspects, c'est la même chose. Dès l'instant où vous jugez un individu, vous êtes déjà en train d'inventer, même si vous interprétez un vrai personnage. C'est le même type d'approximation, c'est seulement votre interprétation de la personne. Je n'ai pas vraiment eu l'impression de jouer Dalí quand je l'ai fait, mais j'ai ressenti, autant que possible, sa personnalité, ce qu'étaient ses idéaux et ses peurs. Je n'avais pas l'impression de faire une interprétation. [...] J'avais toute cette série de photos, ajouta-t-il, et je m'imaginais de quelle manière il pouvait bouger son corps. Il y a une photo de lui le doigt pointé. J'ai passé des jours à essayer de résoudre le problème : « Comment peut-il avoir le bras comme ça ? » C'était la première fois que je m'essayais à la caractérisation, essayant de travailler sur les mouvements. Je faisais des tonnes de trucs pour travailler sur sa démarche et d'autres choses de ce genre. Ce n'était probablement pas nécessaire, mais c'est la seule fois où je me suis senti un peu satisfait. Néanmoins, je voudrais mettre cette énergie dans chaque travail. »

En parlant de la performance de son acteur principal, Morrison dit : « Il a fait du bon travail en capturant l'aspect évasif de Dalí, qui n'était pas impliqué dans sa relation avec Lorca, mais n'en était pas non plus complètement désengagé. »

Le film explore la relation entre Dalí et Lorca, homosexuel déclaré. Dalí a affirmé qu'au moment où Lorca était « follement amoureux de lui », ce n'était pas réciproque. Toutefois, l'auteur du scénario, Philippa Goslett, est convaincue que le couple a eu une relation intime. « En ayant fait une somme incalculable de recherches, il est clair que sans aucun doute quelque chose est arrivé. Lorsque vous lisez les lettres, il est évident qu'il se passait quelque chose de plus. Cela commença par une amitié, qui devint ensuite plus intime, pour finir à un niveau physique, mais Dalí trouva cela difficile et ne put le supporter. Il raconta qu'ils avaient essayé d'avoir des rapports sexuels, mais que cela faisait mal et que leur relation ne put donc être consommée. »

Morrison, le réalisateur, est plus prudent. « Avant tout, personne ne sait s'ils étaient amants. Dalí a toujours été ambigu à ce sujet. Je ne crois pas qu'il existe un quelconque document sur Dalí attestant qu'il ait eu des relations homosexuelles. Il était extrêmement curieux en ce qui concerne la sexualité des autres. Il aimait être voyeur. Toutes ces choses ne sont pas connues, mais on imagine en connaissant l'élasticité de sa propre identité qu'il ait pu être bisexuel. »

Pour le tournage des scènes d'amour gay, Morrison explique : « Les scènes de sexe sont toujours délicates à filmer, inconfortables et techniquement difficiles car vous traitez quelque chose de vraiment personnel et intime, donc vous avez besoin de cette émotion, mais vous devez aussi diminuer son ampleur. » « Je pensais que je n'aurais jamais eu un autre travail dans le cinéma, raconte Robert, donc je me suis dit : « Oui ! « Pourquoi ne pas essayer de faire quelque chose « d'étrange ? » Il y a toutes ces scènes homosexuelles et, vous savez, je n'avais même pas tourné une scène de sexe avec une fille dans toute ma carrière. Et là, je me retrouve avec Javier [Beltrán], qui joue Lorca, en train de tourner une scène sexuelle hard, à la suite de laquelle je devais avoir un effondrement nerveux. Et comme nous sommes tous les deux hétéros, ce que nous faisions semblait ridicule. Et le personnel du plateau n'était même pas en effectif réduit. Il y avait tous ces électriciens espagnols rigolant entre eux. »

Mises à part ces difficultés temporaires, *Little Ashes* a donné à Robert la chance d'interpréter un rôle plus artistique. « Je ne voulais pas rester cantonné aux rôles de jeune premier du collège car je savais que j'aurais fini par tomber dans une sorte de caricature.

Interpréter Dalí a été un tournant pour moi. C'est le premier rôle que j'ai eu qui a exigé une réflexion profonde. Je suis devenu complètement obsédé par Dalí lors du tournage. C'était un homme très complexe et bizarre. »

Robert s'est aussi retrouvé dans l'épreuve mentale que traversent les personnages du film. « Je suppose que *Little Ashes* parle de cette sorte de peur de laisser l'ambition aller trop loin et de se sentir trop concerné par l'image publique et d'oublier ensuite qui vous êtes et de ne plus être capable de sentir ou d'expérimenter quelque chose de nouveau après. Je suis toujours très conscient de cela. Si les gens parlent de vous, ceux que vous n'avez jamais rencontrés, finalement vous devenez très parano sur les choses et vous avez l'impression de ne pas pouvoir être honnête avec les nouvelles personnes et elles vous lassent toujours. C'est pourquoi je suppose que j'ai appris à éviter de porter trop longtemps un masque et que j'ai essayé d'être aussi honnête que possible. » « Si vous prenez un coup de temps en temps, vous faites avec, le moment venu. Je crois qu'il vaut mieux essayer autant que possible d'être soi-même et de se cramponner à une sorte d'apparence de soi plutôt que d'être terrifié par le jugement des autres. J'ai appris beaucoup de choses, mais je pense que celle-ci s'apparente le plus à ma situation. »

Comme on aurait pu s'y attendre, la majeure partie de l'attention des médias s'est focalisée sur les scènes d'amour plutôt que sur le film. En parlant de cette ombre, l'acteur britannique Matthew McNulty, qui interprète le réalisateur Luis Buñuel dans le film, a déclaré : « Peut-être pour les gens qui n'ont pas vu le film, mais moi cela ne me dérange pas vraiment. En fait si les gens veulent juger avant de l'avoir vu, et le jugent sur le fait que l'acteur principal soit la coqueluche des adolescentes, ils n'ont qu'à s'en prendre à eux-mêmes. Je crois que le film a du mérite du point de vue de l'écriture et de la cinématographie. Espérons que le bouche à oreille dissipera tous ces préjugés. »

Les critiques au sujet de *Little Ashes* furent mitigées. Le journal *Hollywood Reporter* n'a pas été enthousiasmé par le film, même s'il a reconnu qu'il est « souvent plaisant à regarder » et qu'il fait l'éloge de l'interprétation de Robert, en disant qu'il « capture la timidité initiale et la flamboyance grandissante de Dalí ». Roger Ebert, le célèbre critique de cinéma américain, a dit du film qu'il était « absorbant, mais pas passionnant ». Toutefois le *Guardian* fut moins impressionné, en disant que Robert « lutte sans véritable conviction pour représenter la personnalité si complexe de Dalí ».

Dans l'ensemble, cependant, *Little Ashes* s'est révélé un succès pour Robert, professionnellement et personnellement. Sur le plan professionnel, c'était certainement un choix marginal et hardi. Mais le plus important est que cette interprétation a effacé les derniers doutes qu'il avait sur ses capacités d'acteur. Il s'est tellement impliqué dans ce rôle qu'il est devenu le personnage. Cela lui a permis de réaliser que jouer était finalement un travail fait pour lui. Il a maintenant la capacité d'interpréter différents types de rôles.

Ironiquement, alors qu'il pensait se sculpter une carrière avec des personnages un peu marginaux, il allait mordre dans le principal et le plus grand des rôles qu'il ait eu jusque-là.

Chapitre sept

Robert pénètre dans la zone du crépuscule

« *Je pensais qu'Edward était impossible à interpréter.* »
– Robert Pattinson

Après le triomphe personnel de Robert dans *Little Ashes*, son agent était déterminée à le ramener dans l'Olympe d'Hollywood. « Elle m'a dit : « Écoute, « on ne t'a pas vu ici de toute l'année, tu dois venir et « faire quelques auditions pour les castings », se rappelle Robert. « *Fascination* fut donc simplement une audition pour un casting que je fis. Je n'en attendais vraiment rien, je n'avais même aucune idée de son ampleur. Maintenant c'est devenu quelque chose d'énorme, donc je suppose que cela a été seulement un coup de chance extraordinaire. »

La voix sombre de Bella, interprétée par Kristen Stewart, ouvre le film au moment où elle entonne : « Je n'ai jamais prêté d'importance à la façon dont j'allais mourir, mais mourir à la place de quelqu'un que j'aime semble être une bonne façon de partir. » Les premières images défilent et reflètent bien l'atmosphère de cet inopiné succès de 2008.

Bien qu'ayant pour vedettes des créatures d'un autre monde, *Twilight* est essentiellement une histoire d'amour traditionnelle entre deux amoureux maudits par le sort ; en l'occurrence ici, la lycéenne Bella Swan et le vampire Edward Cullen. Racontée à partir du point de vue de Bella, cette histoire d'amour, incroyablement forte et tourmentée, a été accueillie avec enthousiasme par les jeunes adolescentes.

Ce n'est donc pas une surprise que le roman phénomène de Meyer passa de l'écrit à l'image, mais la question principale fut : qui serait la personne la plus à même de réaliser au mieux l'adaptation cinématographique de cette saga littéraire ? Le studio Summit Entertainment se tourna alors vers la réalisatrice Catherine Hardwicke. En 2003, elle avait déjà impressionné en abordant la complexité de la vie des adolescentes dans un film indépendant, encensé par les critiques, *Thirteen*. Elle se révéla un choix de qualité, car son œil perçant parvint à saisir parfaitement les beautés provocantes d'Edward et Bella, et leurs regards pleins de passion.

Hardwicke était profondément consciente de ce qui gouvernait l'histoire. « Edward aime Bella et veut la protéger. Il y a une forte tension sexuelle. Ils ne peuvent aller trop loin car il risquerait de la tuer, ce qui donne du piment c'est cette chose exaltante ! »

« Il y a la tentation et le désir... Nous essayons de communiquer la grande histoire d'amour de cette jeune fille, cette passion exacerbée ; ce premier amour pour lequel vous feriez n'importe quoi. Qui ne se souvient pas d'avoir écrit huit mille fois le nom de la personne aimée dans son agenda en regardant, supposant et planifiant chaque minute : comment croiser son regard à l'école, le moment où le simple fait que cette personne vous effleure dans le couloir devient magique ? Stephenie transmet toutes ces choses. »

Aussitôt qu'Hardwicke a obtenu ce travail, elle a su sur-le-champ qu'il allait y avoir un rôle qui serait incroyablement difficile à attribuer. « Edward constituait le problème principal. Comment trouver le type qui a l'air le plus beau du monde, dont chacun va penser qu'il est vraiment superbe, mais qui est censé avoir 17 ans et aller au lycée ? »

« Cela exclut presque tous les acteurs les plus connus auxquels vous pouvez penser, car aucun n'est lycéen. Ensuite il doit avoir le teint pâle, et cela élimine un autre groupe. Pire encore il doit sembler détaché du monde et alors beaucoup de types mignons se présentent à vous, mais ils ont tous l'apparence de ceux que vous croisez à l'école. Cela donne : « Il ressemble « au type de notre équipe de football » ou bien encore « Il ressemble au roi du bal du lycée de notre école » et ce n'est pas ce que vous désirez. Vous voulez quelqu'un d'hors norme, avec cette qualité spéciale, de celui qui a déjà vécu cent neuf années et qui en reflète la torture intérieure. »

« C'est donc un super défi. Nous avons commencé la grande recherche, mais la peur de ne trouver personne est arrivée ! Je me suis donc retrouvée au téléphone, parlant à Rob à Londres et c'était vraiment un choix excentrique. J'avais vu *Harry Potter et la Coupe de feu*, mais je ne l'avais jamais rencontré. Au bout du fil, le temps passait et je pensais : qui est ce type ? Et c'était une situation plutôt délicate au téléphone, car chacun de nous essayait de comprendre l'autre. »

Lorsqu'on lui a demandé s'il avait lu le livre avant son rendez-vous avec Hardwicke, Robert a admis : « Non, pas dans sa totalité avant d'avoir le scénario. J'ai fait mon bout d'essai, puis j'ai eu le week-end avant la rencontre successive pour cela, je les ai lus tous les trois pendant la fin de la semaine. Ils m'ont bien évidemment plu, mais c'est toujours étrange de lire un livre en sachant qu'avec un peu de chance vous pourriez interpréter un des rôles. C'est lu dans un contexte vraiment différent. »

Même avant son bout d'essai officiel, Robert perçut l'importance du personnage. En suivant l'exemple de certains acteurs comme Elijah Wood, qui avait enregistré sa propre cassette d'essai pour décrocher le rôle de Frodon dans la trilogie du *Seigneur des anneaux*, Robert décida d'en faire autant.

Ainsi, lui et un ami rejouèrent la scène qui a lieu dans la classe de chimie où Bella et Edward ont leur première conversation. Comme on pouvait s'y attendre, la tentative de Robert de charmer son ami ne pouvait se comparer à l'alchimie qu'il finirait par avoir avec Kristen ! Après avoir regardé le résultat final, il fut si embarrassé qu'il refusa de l'envoyer.

Avoir le rôle d'Edward allait se révéler difficile. Il devait damer le pion à des milliers de candidats pleins d'espoir de décrocher le rôle, mais le pire de tout était qu'il n'avait aucune idée concrète de la chose et il avait retardé l'audition pendant des mois, car il croyait que cela se révèlerait essentiellement un travail de mannequin.

« J'ai passé pratiquement deux mois à réfléchir : « Ok, comment est-ce que je peux jouer ce personnage tel qu'il est décrit [dans les romans] et être complètement différent de lui dans la vie ? » dit-il au magazine *Vanity Fair*. « Comment puis-je m'éloigner de l'aspect principal de sa description, à savoir son apparence ? »

« Le livre ayant été écrit d'après le point de vue de Bella, Edward apparaît sensuel de façon excessive aux yeux de la jeune fille. Elle ne lui voit aucun défaut. C'est vraiment l'aspect traditionnel du premier amour ou d'un amour juvénile. Donc j'ai passé un temps fou à y penser, cela a fini par être très simple : si vous êtes amoureux de quelqu'un, vous ne lui trouvez aucun défaut. Donc au final je suis arrivé à comprendre que je n'avais pas à jouer le plus bel homme de la planète, mais juste un homme amoureux. »

Cette judicieuse observation lui permit en fin de compte d'obtenir le rôle, bien que le jour de l'essai Robert ne croyait pas en ses chances. « J'étais littéralement embarrassé en arrivant à l'essai. Je pensais que le fait même d'y aller n'avait pas de sens, car ils donneraient le rôle à un mannequin ou à quelqu'un de ce genre. Je sentais que c'était un peu arrogant de ma part d'y aller tout de même. J'ai presque eu une attaque de panique pure et dure avant d'aller tourner ce bout d'essai » raconte-t-il.

« Je pensais qu'Edward était impossible à interpréter. Vous pouviez seulement le jouer comme un blob en 2D, un homme comme un bout de viande, un truc terne sur lequel les gens pouvaient projeter ce qu'ils voulaient. Je ne savais pas comment le faire. Je ne me suis même pas soucié d'avoir des muscles. Ainsi, même lorsque durant l'essai, ils m'ont dit : « Enlève ta chemise », j'ai pensé : « Si c'est le contexte, je vous le « dis tout de suite je ne le ferai pas. »

Jouer un rôle basé sur l'apparence était quelque chose que Robert avait déjà expérimenté lorsqu'il avait interprété Cedric Diggori, qui est décrit dans le livre comme « ridiculement beau » et dont généralement il essayait de s'éloigner. « Cela vous distrait lorsque vous essayez de jouer, car vous cherchez le meilleur angle pour apparaître bien. C'est vraiment stupide et vous vous dites que vous êtes vraiment narcissique. Et je pense que c'était la partie la plus décourageante à ce sujet. »

En effet, il était si nerveux pour le bout d'essai du rôle d'Edward qu'il finit par prendre du Valium pour tenter de se calmer. Lors d'une rencontre avec le magazine *GQ*, il déclara : « C'était la première fois que je prenais du Valium. J'avais essayé de le faire pour une autre audition, et cela avait eu l'effet complètement inverse, j'avais perdu connaissance. »

Il n'avait pas besoin de s'inquiéter, car son bout d'essai avait impressionné Hardwicke, qui avait aussitôt senti une étincelle entre Robert et Kristen. Robert pense que c'est cette alchimie instantanée avec sa partenaire qui lui a fait obtenir le rôle.

« Je savais que cela faisait un temps fou qu'il y avait des auditions et j'étais l'un des derniers à être vu. Je suis juste entré et je me suis retrouvé en accord avec Kristen. Je pense que c'était parce que je m'attendais à ce que tout soit différent et que la fille qui jouerait Bella soit aussi très différente de Kristen, c'est pourquoi je fus vraiment surpris quand elle fit l'essai.

Je pensais qu'elle allait jouer le « genre damoiselle en détresse ». Kristen est au contraire résistante, audacieuse et bonne actrice. Donc j'ai complètement changé d'opinion et j'ai fini par jouer le rôle d'Edward comme une sorte d'épave. Ça s'est passé ainsi. »

Le producteur Greg Mooradian se rappelle de l'évolution du casting : « Sur le site Web des fans, chaque personne qui avait lu le livre avait déjà sélectionné ses propres acteurs au moins vingt fois. Nous avons vraiment jeté un coup d'œil à leurs idées et nous avons décidé que nous n'aurions jamais pu satisfaire tout le monde donc ce que nous avions à faire était de continuer en suivant notre instinct. Les acteurs que nous avons retenus étaient ceux qui nous semblaient incarner au mieux les personnages. »

« Cela a pris une éternité pour distribuer les rôles de ce film, mais une fois que nous avons trouvé Bella et tous les Cullen, j'ai réalisé que finalement nous avions réussi. En réalité quand je suis arrivé pour les voir jouer ensemble sur scène, j'ai retenu mon souffle. »

En parlant du fameux bout d'essai où Robert et Kristen récitent sur le lit de Hardwicke, Rob se rappelle : « J'étais en train de lire et je me suis dit : « Ok, il y a deux répliquent là-dedans », puis nous nous sommes embrassés et j'ai essayé de la tuer. C'est un peu comme « Je t'ai connue juste l'espace d'une heure. » « C'était drôle. Je pense avoir été trop loin, parce que je me rappelle avoir jeté un coup d'œil après et ils me regardaient tous du genre : « Qu'est-ce que tu fais ? » « Catherine a dit que j'avais l'air de quelqu'un qui allait avoir une crise. »

Robert a décroché le rôle, mais curieusement et à l'insu des patrons du film, il eut en réalité des doutes quant au fait d'accepter ou non le rôle si celui-ci lui était offert. Par chance, la participation de Kristen dans le film l'a convaincu.

« C'était le premier travail que j'avais envie de faire depuis une éternité. C'était l'environnement du bout d'essai, j'ai pensé que cela ne pouvait être rien de plus qu'un autre film. Tous ces livres, qui ne laissaient même qu'une légère empreinte sur le marché, étaient immédiatement achetés et adaptés au cinéma, je ne voulais pas du tout y être impliqué. Mais Kristen était là, elle était si jeune et avait déjà fait les bons choix, mais aussi sa manière d'être à l'audition, tout cela a capté mon attention. »

Ceci démontre combien Robert est différent des autres jeunes acteurs. Alors que la plupart auraient fait n'importe quoi pour un tel rôle, Robert était en train de décider si le film était bien pour lui et pas le contraire.

En parlant à *Life Story*, il a expliqué : « Je pensais que cela aurait pu finir très facilement par devenir vraiment kitch et ringard. Non pas parce que le livre l'était. Je pensais qu'il y avait un tas de trucs dans le livre qui sûrement pouvaient faire un bon film, mais j'étais certain d'aller à une audition où il y aurait une poignée de grands gars musclés et une fille vraiment idiote et menue. Je pensais que tout allait se révéler un peu stupide, mais Kristen m'a vraiment surpris lorsque j'ai fait le bout d'essai. [...] Je ne voulais pas tourner dans un film stupide pour adolescents. Depuis *Harry Potter* je n'avais pratiquement rien fait que quelqu'un ait vu, car je désirais que l'on m'enseigne à jouer. Je ne voulais pas paraître idiot. [...] Cela est arrivé de façon tout à fait inattendue et je ne savais vraiment pas ce que c'était lorsque cela a commencé. Je voulais attendre un an. Je voulais faire deux ou trois trucs encore et ensuite quelque chose de plus grand, puis ce projet s'est présenté et je me suis dit : « Bon, Ok. » J'avais fait un autre film dans lequel j'avais joué de façon vraiment plus intense qu'avant et par la suite j'en avais ressenti une sorte de satisfaction, beaucoup plus que dans les films précédents. [...] Je ne sais pas quel l'effet cela fait de mettre autant d'intensité dans quelque chose, mais en tous cas, vous vous sentez davantage satisfait. Je désirais apporter cela à *Twilight* et essayer aussi de briser cette supposition que si un film est fait à partir d'un livre, c'est seulement pour faire de l'argent. Ce type d'implication ne m'intéressait pas. Mais j'ai pensé que Catherine et Kristen seraient d'un grand secours dans ce cas précis. Donc je voulais convaincre que je connaissais tout sur tout au moment où les gens seraient arrivés à Portland [le film est situé là-bas]. Je voulais que tout se passe bien. »

Il a ajouté au magazine néo-zélandais pour adolescents, *Crème* : « Lorsque je l'ai lu au départ, alors qu'il n'y avait pas encore tout le battage publicitaire, l'une des premières choses que j'ai pensées était que c'était assez bizarre, que cela semblait être la représentation des fantasmes de Stephenie Meyer. C'était comme si l'auteur s'imaginait être Bella ; il y avait tellement de choses à propos du personnage d'Edward qui étaient si spécifiques. Et donc sous divers aspects vous vous sentez à la limite du voyeurisme et, étrangement, pour être honnête, c'est ce qui m'a freiné au départ, mais ensuite lorsque j'ai commencé ce travail c'est ce que j'ai bien aimé. »

L'obstacle le plus dur pour Robert fut de jouer un personnage alors que tous les fans avaient déjà une image bien précise de la façon dont il devait être. « Bien qu'il y ait le roman *Fascination*, ainsi qu'une abondance d'informations, cela ne rendait pas les choses faciles. Le seul truc que vous pouvez faire si vous êtes en train de le jouer, c'est d'essayer de trouver les aspects caractéristiques avec lesquels être en relation. Ce n'est pas comme interpréter le livre. Beaucoup de gens qui l'ont lu pensent probablement que je suis complètement dans l'erreur comparé à ce qui est écrit. »

« La seule chose que vous pouvez prendre du livre c'est la ligne générale, les changements d'humeur, les changements émotionnels et le développement. Je ne suis pas en train de refaire exactement comme dans le livre. Je crois que c'est impossible. »

Lorsque Robert a été présenté au monde comme l'interprète d'Edward Cullen, Stephenie Meyer a dit : « Je suis follement heureuse du choix de la Summit pour Edward. Il y a vraiment peu d'acteurs qui peuvent sembler à la fois dangereux et beaux, et encore moins que je puisse moi-même imaginer dans le rôle d'Edward. Robert Pattinson est exceptionnel. »

Meyer admet qu'au départ, elle n'avait aucune idée de qui était Robert lorsque les producteurs lui dirent qu'ils étaient en train de penser à lui pour le personnage d'Edward. Elle se rappelle : « Ils m'ont dit qu'ils avaient ce garçon intéressant. Donc je l'ai cherché sur Google et j'ai pensé : « Ok, cela peut marcher. » Ensuite je l'ai vu en costume et c'était l'Edward que j'avais dans ma tête. »

Le fait que Robert soit Anglais l'aida indubitablement. Au départ, il y eut un mini-tumulte de la part des fans lors de l'annonce qu'un acteur britannique allait interpréter Edward Cullen, Meyer en revanche n'était pas de cet avis. Robert a expliqué : « Le choix de l'auteur s'est porté sur un acteur anglais, ce qui est vraiment étrange. Elle ne voulait que des types anglais pour jouer des Américains. Je pense qu'il y a quelque chose à propos du mythe des acteurs britanniques en Amérique. »

La vedette de *90210 Beverly Hills : Nouvelle Génération*, Dustin Milligan, est l'un des nombreux

*R*obert Pattinson a été élu l'homme le plus sexy du monde par le magazine britannique *Glamour*, en août 2009.

Edward et Bella au bal de fin d'année de Forks.

Grâce au rôle du vampire Edward Cullen, Robert s'est retrouvé propulsé au rang de célébrité.

Twilight s'est imposé aux MTV Movie Awards 2009, en remportant aussi le prix de la meilleure révélation masculine (attribué à Robert Pattinson) et celui de la meilleure révélation féminine (attribué à Kristen Stewart).

*R*obert assailli par des fans au Japon.

Robert dans le rôle d'Edward Cullen.

Robert interprète Salvador Dalí dans *Little Ashes.*

Robert de nouveau dans le rôle d'Edward dans *Tentation (New Moon)*.

acteurs qui a fait l'essai pour Edward Cullen. « Malheureusement, je n'avais pas l'accent britannique, donc je n'ai pas eu le rôle » plaisante-t-il.

En effet, le premier choix de Meyer fut un acteur britannique, Henry Cavill. Lors des premiers développements du film, Meyer a posté sur son site Web : « Incontestablement le personnage le plus difficile du film, Edward, est aussi celui pour qui je me passionne le plus. Je pense que le seul acteur que j'ai vu qui puisse jouer Edward Cullen est Henry Cavill. Henry était Albert, le jeune fils dans le *Comte de Montecristo.* Pouvez-vous l'imaginer ? Moi, je sais que je peux ! »

Mais Cavill avait déjà 25 ans et avec une saga de quatre films cela allait devenir de plus en plus difficile pour lui de conserver l'apparence d'un garçon de 17 ans. Lorsqu'il devint clair que Cavill était trop vieux pour jouer le rôle, Meyer écrivit : « La chose la plus décevante pour moi c'est de perdre mon parfait Edward. Je ne veux pas entièrement renoncer à Henry. Je propose qu'il joue le rôle de Carlisle. » Mais il en fut autrement, car Carlisle Cullen, le patriarche de la famille Cullen, les vampires végétariens, devait être joué par Peter Facinelli.

Interviewé peu après sur sa participation à la saga *Twilight*, Cavill dit avoir été étonné d'être aussi bien vu par Meyer. « J'ai entendu parler de ces propos, mais pas directement de la bouche de Stephenie. Je n'ai pas parlé personnellement avec elle, ni avec les producteurs. Ce que j'ai entendu, ou reconstitué à partir de différentes sources, c'est que Stephenie m'avait vu dans quelques rôles que j'avais faits auparavant, à ce moment-là j'étais probablement parfait. Mais ensuite, les ravages du temps ont été néfastes ! »

Mais Meyer oublia rapidement Cavill et confia d'ailleurs à Robert quelque chose de vraiment précieux. Pour mieux saisir le personnage, Robert put jeter un coup d'œil sur ce qui était alors l'un des événements littéraires les plus attendus de ces dernières années : *Midnight Sun*, un roman qui aurait raconté encore une fois l'histoire de *Twilight*, mais du point de vue d'Edward. Il a été maintenant abandonné jusqu'à nouvel ordre après que les premiers chapitres aient été divulgués sur Internet. Robert répondit en plaisantant que ce n'était pas lui !

« Je suis définitivement la seule personne à part elle et la réalisatrice à l'avoir lu, a-t-il déclaré à MTV en son temps. Juste moi et Catherine. C'est vraiment un secret. Et il est presque à demi ou aux deux tiers achevé. J'ai lu ça juste au début [du tournage], j'en ai tiré un tas de matériel. »

Ce sont exactement les mêmes événements, mais quelques autres trucs arrivent. L'essentiel est identique, mais c'est amusant de voir que les choses touchent Edward d'une manière à laquelle vous ne vous attendez pas vraiment si vous avez lu uniquement *Fascination.*

J'ai fondé beaucoup de mon angoisse sur cela pour faire le personnage. Cela parle du faible contrôle qu'il a. Dans le livre, lorsqu'il dit : « Je suis un monstre et je vais te tuer » et qu'elle dit : « Je n'ai pas peur », il vous semble que tout au long de la lecture il ne fera jamais rien de mal. Mais lorsque vous lisez le premier chapitre de *Midnight Sun* et que vous réalisez toute l'ampleur de son désir de l'anéantir et comment il pense détruire toute l'école pour parvenir à la tuer, ça devient évident. »

« Je voulais que cet élément de lui soit très visible. Je voulais que Bella dise : « Je ne suis pas effrayée, tu ne voudrais pas me faire quoi que ce soit », mais non pas avec toute cette certitude. Cela aurait pu soudain devenir : « Tu ne voudrais pas me faire quoi que ce soit, n'est-ce pas ? » Je voulais quelque chose comme ça. Je crois que cela rend les choses plus sexy s'il y a une réelle vraie chance pour lui de piquer une crise et de la tuer. »

Ce qui surprit Robert fut qu'il comprenait le personnage plus qu'il n'aurait pu l'imaginer. « Il s'est avéré que nous avions la même perspective ! »

Il ajouta : « Edward bien sûr ne veut pas être un vampire. On l'a transformé en vampire lorsqu'il était inconscient, puis il s'est réveillé dans cet état de purgatoire qu'il n'aime pas. »

« Quelqu'un que vous ne connaissez pas vous a mis dans cette situation, ce qui est très difficile à comprendre. Lorsqu'on vous a donné la vie éternelle alors que vous aviez déjà accepté d'être mort et que vous devez également tuer des gens, il vous faudra vivre pour toujours avec ça. Vous jouissez aussi d'une mémoire infinie, car vous êtes un vampire, donc vous serez toujours enveloppé du manteau de la culpabilité. Lorsque Edward arrive à la grande lutte finale entre le bien et le mal, il combat essentiellement le bien et le mal qui se trouvent en lui-même. »

« Prenons par exemple son angoisse, il semble un chic type, mais il y a tellement de ressentiment et de colère en lui. Lorsque vous le regardez selon le point de vue de Bella, c'est un type parfait et merveilleux, mais dans sa tête il a tout faux : « Le seul fait d'être « avec cette fille fait de moi un bâtard égoïste, je mets

« sa vie en danger à chaque seconde. Je suis pathétique, « car je n'arrive pas à rester loin d'elle. » J'ai vraiment bien aimé ça. »

Il est clair que Robert prit beaucoup de plaisir à interpréter un personnage comme Edward Cullen, et ce fut plutôt une surprise pour lui, sachant qu'il avait pensé que ce serait juste un autre rôle de beau mec. En examinant le personnage de plus près, il a été ravi de voir qu'il était aussi complexe que n'importe quel autre rôle qu'il avait joué auparavant.

« Ce que je n'ai jamais vraiment compris quant au charme qu'il exerce, surtout auprès des jeunes filles, c'est sa galanterie. Je pensais que les jeunes adolescentes aimaient bien chez les hommes cet aspect dangereux et donc j'ai tenté de l'accentuer et de faire de son côté plus courtois un voile qui dissimule quelque chose. J'ai vraiment essayé de rendre le personnage incroyablement fort et puissant, mais en même temps extrêmement vulnérable et qui se fait horreur. »

« Lorsque sa vie se retrouve réduite aux choses élémentaires, il n'a plus rien auquel se rattacher pour vivre, tout ce qu'il souhaite c'est soit devenir humain soit mourir. La seule raison pour laquelle il n'est pas mort, c'est parce qu'il est trop effrayé ; il ne pense pas avoir une âme. Ensuite il rencontre Bella, qui réveille en lui l'être humain et il se sent à nouveau vivant. En même temps, la fragilité humaine de Bella le rend incroyablement vulnérable, car même avec ses super pouvoirs, il ne peut pas complètement la protéger. Chaque fois qu'elle est en danger, il l'est aussi. Si elle devait mourir ou s'en aller quelque part, il lui faudrait alors la suivre. »

Il y a une scène émouvante en flash-back dans le

film, où l'on voit le personnage de Peter Facinelli transformant Edward en vampire. Cette scène veut montrer la répugnance de Carlisle à placer un tel fardeau sur le jeune Edward, mais il n'a pas d'autre choix, car il ne veut pas laisser mourir Edward.

Facinelli a pensé que ce serait une bonne idée de chuchoter quelque chose à l'oreille de Robert lorsqu'il le mord, un moment intime ponctué de mots qu'eux seuls pouvaient entendre. Facinelli n'a pas seulement révélé ce qu'il a dit à ce moment-là, mais aussi que les choses ont changé d'une prise à l'autre. Il a commencé à murmurer : « Je suis désolé », ensuite « Renais, mon fils. » Au bout de quelques prises, il a commencé à faire perdre du temps en disant : « Rob, tu es tellement sexy », mais Facinelli maintient que la scène du film est celle de cette réplique !

Robert avait eu une expérience tellement positive pendant *Little Ashes*, obsédé par tous les menus détails du personnage, qu'il était déterminé à en faire de même pour Edward au point de se trouver en désaccord avec le créateur du personnage.

« J'étais en train de parler à Stephenie Meyer en disant que le gars doit être chroniquement déprimé » révéla Robert. « Elle m'a répondu : « Non, il ne l'est pas. » Mais j'ai maintenu qu'il l'était. Je veux dire, non pas déprimé, mais isolé, plongé dans une sorte de solitude. Lorsque vous le voyez à l'école, il ne parle presque à personne. Au bout d'un moment il doit en avoir assez de côtoyer toujours les quatre mêmes personnes dans sa vie. »

Meyer a donné également sa version de l'histoire : « Avec Rob, nous nous sommes assis pour parler avant que le tournage ne commence. Ce n'était pas une dispute, mais en fait nous n'étions pas d'accord sur le personnage. Moi j'étais sûre d'une chose et lui d'une autre. Lors de l'interprétation il a fait ce qu'il voulait et c'était exactement ce que je voulais. »

« C'est vraiment une personne qui hypnotise son entourage » a-t-elle ajouté pour le magazine *Entertainment Weekly*. « Il a une personnalité si irrésistible. Je ne crois pas que vous voudriez l'avoir comme petit ami. Et vous ne pouvez pas être juste son amie, car il est terriblement sexy ! »

Malgré le débat avec Stephenie, l'intensité de Robert a en fait aidé à alléger l'atmosphère sur le plateau, car les acteurs et l'équipe s'étaient mis d'accord dans le but malicieux d'essayer d'amener l'acteur si sérieux à rire. Ils le suivaient, en récitant des passages du livre, ceux qui montraient les aspects plus légers d'Edward, un aspect du personnage qu'il essayait d'éviter autant que possible. « J'ai tenté de le jouer comme un garçon de 17 ans à qui on a infligé un purgatoire. J'ai juste pensé : « Comment est-ce que je pourrais jouer ce rôle s'il ne « s'agissait pas d'une adaptation [cinématographique] « pour adolescents ? »

Kristen a rappelé dans une interview : « J'avais dit ce petit truc : « Rob, répétons juste la scène entièrement « sans la démolir et la critiquer. » Nous avions à peine fait deux répliques qu'il dit : « Non, non, non, ça ne « marche pas. » Rob s'est rendu fou pendant le [tournage du] film, et pendant ses névroses je m'arrêtais simplement et lui donnais une tape dans le dos. »

Toutefois, la totale immersion de Robert dans le personnage impressionna énormément le producteur de la saga *Twilight*, Wyck Godfrey. « Rob Pattinson a fait un grand travail personnel pour interpréter un personnage qui a été émotionnellement mort pendant une centaine d'années, mais que Bella fait renaître. Il a créé une vie entière pour son personnage et est allé pour cela au-delà de ce que l'on attendait de lui.

Il fallait être sensible près de lui, car c'était une place triste et sombre à occuper. Catherine et le reste de l'équipe lui donnèrent l'espace suffisant pour réaliser ses scènes vraiment intimes. Il y avait la douleur et la nécessité, presque comme une drogue, qui fondamentalement le poussaient à se jeter sur Bella et à la tuer ; une impulsion qu'il devait combattre à chaque fois qu'il était auprès d'elle. Rob jouait le personnage en étant torturé, ce qui est réellement la métaphore pour un jeune amour ; cela fait mal, c'est grandiose, c'est exaspérant. Il y a apporté cet élément, il est devenu obsédé par elle, de la même façon qu'elle l'était par lui. »

Bien que Robert ait été engagé en partie à cause de son apparence dangereuse, séduisante, les directeurs du studio, croyez-le ou non, avaient encore quelques problèmes avec son physique. Ils durent lui désépaissir les sourcils et lui arranger les dents. « Ils voulaient que j'aie un sourire parfait, se rappelle Robert. Je n'avais jamais pensé que quelque chose n'allait pas avec mes dents. Mais les producteurs voulaient quand même que je porte un appareil dentaire. Ils me disaient : « Porte ce « truc tout le temps sur le plateau. » Je me suis dit : « Oh, « ça va devenir un cauchemar ! » Donc je ne l'ai pas fait. Je leur ai menti pendant à peu près deux mois en leur disant que je le portais. Et ils me disaient : « C'est « incroyable, ça ne se voit même pas ! »

Le plus ennuyeux c'était les lentilles. Je n'en porte pas en réalité. Je n'arrive pas à comprendre comment j'ai pu les porter pendant tout le tournage. Cela me prenait environ vingt minutes pour les mettre le matin. Il est 5 h 30 et tu es en train de te mettre les doigts dans les yeux pendant vingt minutes, c'est terriblement contraignant. Le jour le plus heureux de ma vie, c'est lorsque j'ai pu les jeter à la fin. J'étais trop impatient de le faire. »

« Vous savez, au début je ne savais rien du tout. J'y suis allé en me disant que c'était juste un film dramatique, pas un film fantastique avec des vampires, ni même une histoire d'amour. C'est un drame sérieux. Donc lorsqu'ils ont commencé à faire tous ces tests de maquillage pour le truc du vampire, à chaque fois j'en ai été choqué. Au début ils voulaient que je porte une perruque aux cheveux très longs jusqu'à la taille, comme le vampire d'Anne Rice. Je n'allais pas permettre que cela arrive. »

Même si les premiers essais publicitaires d'un Robert avec des cheveux courts avaient plu aux chefs de production, la réalisatrice Hardwicke voulut faire un essai avec les cheveux longs pour voir ce que ça donnerait. La coiffeuse Mary Anne Valdes raconte : « Si les cheveux longs avaient réellement plu à Catherine, elle aurait réussi à persuader la production. Les extensions furent appliquées ce jour-là et retirées le lendemain. Nous étions d'accord sur le fait que Robert était mieux avec les cheveux court. Mais Catherine devait le voir par elle-même, sinon le doute aurait persisté. »

Robert fut ravi de ne pas conserver ses longs cheveux. Ce n'était pas la première fois qu'il avait des problèmes avec le département des costumes. Lors d'un essayage de costume pour *Harry Potter et la Coupe de feu*, il se souvient : « Je n'avais rien fait pendant six mois donc je n'étais pas au mieux de ma forme. Je me rappelle que la costumière m'a dit, lorsque j'étais en train d'essayer le maillot de bain : « Tu n'est pas supposé être « mince ? Tu pourrais jouer un poète pour femmes ou « quelque chose comme ça. » Le jour suivant je reçus un appel de l'assistant du réalisateur au sujet d'un programme d'entraînement personnel ! »

« Les cascadeurs de l'équipe sont les hommes les plus en forme du monde. Je n'étais même pas capable de faire dix tractions. J'ai suivi le programme pendant à peu près trois semaines et à la fin je crois que l'entraîneur était si agacé par le fait d'essayer de me forcer qu'il a tout écrit sur un papier de façon à ce que je puisse le faire à la maison. »

Malheureusement, Robert se blessa à l'épaule et dut arrêter son entraînement. Le niveau médiocre de sa forme physique fut de nouveau un problème sur le plateau de *Fascination.* « J'ai été blessé à la première prise de vue du premier jour. Je n'étais même pas en train de faire une cascade. J'essayais juste de soulever Kristen et je me suis presque déchiré un tendon, car je n'avais pas fait assez de flexions. C'était très embarrassant. »

Une des plus fameuses scènes du film est l'impressionnante entreprise de séduction aérienne d'Edward et Bella. Dans les scènes inspirées des films d'*E.T.* et de *Superman* des années soixante-dix, nous suivons leur relation qui s'élève dans les airs (au sens littéral et figuratif) lorsque Edward montre à Bella la force de ses pouvoirs. Les spectateurs partagent l'ébahissement de Bella alors qu'il la conduit sur un chemin vertigineux, sautant d'un arbre à l'autre à travers la forêt jusqu'à atteindre le sommet d'un arbre, se balançant précairement.

Comme cette scène fut filmée avec de vraies personnes sans effets spéciaux, ils utilisèrent évidemment des cascadeurs à la place de Robert et Kristen. Et ce fut une bonne chose, comme le révéla la réalisatrice Hardwicke : « La scène avec le couple sur l'arbre fut tournée avec des cascadeurs. Ils durent monter jusqu'en haut par leurs propres moyens. Cela s'est heureusement bien terminé, car lorsque l'hélicoptère arriva pour les filmer, ils furent à deux doigts de s'envoler, car il descendit en piqué devant eux ! »

Dans une autre séquence saisissante, la scène dans le parking de l'école, on voit Edward bondir dans l'action lorsqu'un pick-up incontrôlé fonce sur Bella. Avec sa vitesse surhumaine, Edward arrive vers elle à temps et la protège grâce à sa force. C'était une scène du film particulièrement dangereuse, mais le chef des effets spéciaux, Andy Weder, avait quelques astuces dans sa manche. « Le pick-up était monté sur des roulettes, avec des roues de trente centimètres de diamètre, et des poches d'air qui maintenaient le tout à environ trois centimètres du sol. Nous avons pratiquement construit un châssis d'acier et coupé le bas de la voiture, puis elle a été montée sur les roues. Pour faire ça, nous avions quatre gars qui la poussaient comme si ça glissait » a-t-il affirmé dans le livre *Movie Companion* de *Twilight.*

Et pour réaliser les effets spéciaux de la porte écrasée ? « Nous avons façonné de l'aluminium sur la vraie porte pour avoir une forme parfaitement identique. Ensuite nous avons découpé au chalumeau un gros trou au milieu, là où nous voulions que se situe le vide et nous avons mis les feuilles sur celui-ci, ainsi Edward pouvait les plier et les pousser en arrière. Tous les câbles et autres trucs ont été effacés au montage par la suite. »

L'apogée du film se situe dans la scène de combat violent et brutal entre Edward et le vampire diabolique James (Cam Gigandet) dans le studio de danse où Bella avait l'habitude d'aller lorsqu'elle était enfant. Bien qu'elle constitue la scène d'action finale du film, cette scène a été l'une des premières à être tournée.

Le cascadeur co-coordinateur, Andy Cheng a souligné : « Pour ce combat, nous avons dû imaginer à quoi il ressemblerait. Catherine et moi avons fini par l'appeler "le style animal". L'idée était que le bon vampire, Edward, n'était pas violent ; il ne voulait pas se battre jusqu'à ce que James attaque Bella, ce qui l'a rendu fou. Nous avons regardé des vidéos sur les tigres, leur façon de faire un brusque mouvement en avant et d'attaquer, la façon de courir d'une panthère ; nous avons fait des recherches, ensuite des artistes ont dessiné un story-board du combat et nous avons filmé une répétition pour la montrer à Catherine et aux producteurs. »

La scène où Edward mord le cou du vampire n'a pas été faite avec des effets spéciaux. Gigandet se souvient : « Lorsque Robert est en train de me mordre, ils voulaient que cela ressemble à de la viande, donc ils ont utilisé du poulet et du miel sur nos corps. Ensuite, nous nous sommes retrouvés à court de poulet, ils ont donc collé du fromage suisse sur mon cou. Croyez-moi, après une journée passée sous les projecteurs, aucun de nous n'avait besoin d'ail pour refouler l'autre. »

À la fin du tournage, le lien qui l'unissait aux autres acteurs fut évident pour Robert. Lorsque le film fut achevé, après la scène où Edward reconduit Bella chez son père après leur rendez-vous au restaurant, Robert retourna dans sa caravane pour décompresser. Il mit un DVD et soudain il éclata en sanglots. C'est à ce moment-là qu'il comprit combien le film était devenu important pour lui.

Ce ne sera pas la dernière fois qu'il fondra en larmes en regardant *Fascination.* Lorsque le battage publicitaire du film a atteint son apogée, il se retrouva de plus en plus au centre de l'attention. Il y avait de grandes foules hurlant à son encontre, mais il ne réagit pas tout à fait de la même manière que la plupart des gens.

Il a expliqué sur *Moviehole.net* : « Je ne sais pas pourquoi cela me choque toujours. Je veux dire, je me suis rendu pendant les trois dernières semaines dans différentes villes autour du monde, seulement pour arriver dans des bains de foules planifiés, où tout le monde ne fait que hurler, hurler et hurler. Mais à chaque fois, je deviens si nerveux, j'ai des sortes de sueurs froides et tout ! »

« J'ai commencé à pleurer en Italie. Mais complètement de façon involontaire. Vous savez lorsque vous réagissez mal à quelque chose ? C'était vraiment embarrassant. Je ne savais même pas que je le faisais. Kristen, je crois, s'est tournée vers moi et m'a dit : « Tu pleures ? » Donc oui j'ai commencé à pleurer lorsque les gens hurlaient pour moi. Je n'aurais jamais pensé que ça pouvait m'arriver. »

Lors de la première du film à Londres, Robert, complètement abasourdi, a déclaré : « Dès que j'apparais, les gens crient. J'ai l'impression que ça fait partie de mon travail. Un peu du genre : « Je suis là. Grrrrrrr ! » C'est tout ce que je fais. » Et alors qu'il parlait, sa voix fut couverte par d'autres hurlements. « Vous voyez ? » dit-il aux journalistes.

Alors que Robert avait eu un avant-goût de l'affection fanatique qui suivait la création du film et sa sortie, il allait par la suite découvrir que les fans deviendraient plus bruyants et que les projecteurs braqués sur lui se feraient plus intenses. Comment est-ce qu'une personne aussi réservée que Robert allait faire face à une telle attention ?

Chapitre huit

Être fier de soi

« *Je suis une personne tranquille, réservée. C'est étrange. Vous devez changer un petit peu.* » – Robert Pattinson

Si Robert ne s'était pas rendu compte de combien les choses allaient changer pour lui, il le comprit beaucoup mieux après avoir fait un tour dans un magasin de DVD. « Le jour où *Fascination* a été mis en vente, je me trouvais dans un des magasins Blockbuster. J'avais oublié qu'il sortait ce jour-là. Il y avait deux familles qui étaient venues avec leurs filles de 8 ou 9 ans pour acheter le DVD de *Fascination*. Elles pleuraient, debout dans la queue et je suis resté à les regarder pour comprendre la raison de toute cette émotion. Elles ne savaient pas que j'étais là. Je me suis tout simplement dit : « Eh ben ! Vous êtes en train de pleurer pour un DVD. C'est fascinant. »

Sa tante Diana se fait l'écho de ses sentiments en disant : « Rob est sidéré par toute l'attention dont il est l'objet. Il reste très calme face à tout ça, mais il n'arrive pas à le croire lui non plus. » Non pas que Robert soit étranger à l'enthousiasme des fans. Dans les jours qui suivirent *Harry Potter et la Coupe de Feu*, il déclara : « L'autre jour quelqu'un m'a demandé un autographe. Comme j'avais fini l'école et que je ne faisais rien de spécial à ce moment-là, j'étais juste en train de flâner sans but dans Londres quand deux types âgés de 30 ans environ sont venus me demander un autographe. Ils ont voulu prendre des photos et d'autres choses du genre et cela m'a rendu assez fier à l'époque. »

Au cours de ces dernières semaines, j'ai été à deux premières de la Warner Bros et en prenant en considération le fait que personne ne sait qui je suis, c'est toujours en fait un événement effrayant. Je ne savais pas ce qu'il fallait faire dans une situation où je devais être plus qu'une simple présence. Je fais toujours des faux pas et ce genre de trucs quand je suis supposé faire quelque chose. Alors, je verrai comment ça va se passer, j'ai hâte. »

En comparant le Robert réticent d'aujourd'hui avec le jeune acteur désireux d'alors, c'est comme s'ils étaient deux personnes distinctes. Mais Robert admet qu'il a été séduit par le côté célébrité au moins pendant un bref moment : « J'ai tellement changé. Je suis loin d'être le garçon arrogant que j'étais. J'ai été un véritable imbécile le premier mois. Je ne parlais à personne. »

Son partenaire de *Little Ashes*, McNulty, se souvient que Robert manquait d'assurance lorsqu'il fut reconnu pour son travail dans les films d'*Harry Potter.* « Il y avait des moments, lorsque des filles venaient sur le plateau juste pour avoir un autographe, où il était le plus déconcerté de tous. Il s'en sortait en disant : « Euh... oui, d'accord. » Je pense que si c'était arrivé après *Fascination*, l'histoire aurait été complètement différente. »

Robert est devenu maintenant un phénomène de culture populaire, une vedette de renommée mondiale.

L'auteur de *The Cult of Celebrity*, Cooper Lawrence, explique que l'attraction des filles pour Robert s'étend au-delà de son indiscutable beauté. « Il est nerveux, mais pas trop. C'est quelqu'un que vous pouvez toujours présenter à votre mère à la maison, mais il est aussi un peu déprimé et négligé et donc vous pensez qu'il est cool. Et il n'est pas menaçant, et ça c'est un élément très important. »

Deux incidents de fans obsessionnels lui ont laissé un mauvais souvenir. « Récemment une mère m'a tendu son bébé et m'a demandé : « Pouvez-vous s'il « vous plaît lui mordre la tête ? » a-t-il raconté au magazine *OK!*.

L'autre s'est déroulé alors qu'il était abordé par quatre femmes qui avaient des griffures et des croûtes de sang fraîches sur le cou lorsqu'elles s'approchèrent de lui pour avoir un autographe. Elles semblaient dire : « Nous avons fait ça pour toi. » « J'étais dégoûté, je ne savais pas quoi dire. »

Robert a aussi révélé le nombre de kilomètres que certains fans ont parcouru pour apercevoir leur idole. « Les gens me tendent des embuscades et essayent de savoir dans quel hôtel je vais descendre, ils veulent toucher mes cheveux. Tout le monde crie, hurle. Cela me semble encore irréel. »

On a commencé à me reconnaître le jour où j'ai fini de tourner *Fascination*. C'est fou. Le truc le plus étrange c'est que même si je porte un chapeau et des lunettes de soleil les gens viennent encore vers moi. Je me dis : « Comment ils ont fait pour me reconnaître ? » Peut-être parce que je porte les mêmes habits tout le temps. En général, je ne fais pas les magasins ou des trucs dans ce genre et ce sont des endroits où cela arrive. J'ai toujours été mal à l'aise au milieu de la foule, car j'ai l'impression que tout le monde me regarde. Cela ne fait aucune différence. Je peux être dans un supermarché et avoir une attaque de panique lorsqu'il n'y a personne d'autre. »

Alors qu'il allait célébrer son vingt-troisième anniversaire au Global Grill de Vancouver et au Satay Bar avec sa famille et les covedettes, il fut abasourdi de trouver ces endroits assaillis par ses fans qui avaient appris où il se trouvait. « À cause d'Internet et de Twitter, il y aura foule si vous restez dans un endroit plus d'une demi-heure, dit-il au *Daily Record.* J'ai appris à ne jamais rester au même endroit pendant plus de vingt minutes. »

Toutes ces attentions sont un choc pour Robert, car il a toujours dénigré et minimisé son apparence par des remarques sèches et caustiques. « Je ne me suis jamais vraiment considéré comme attrayant. J'ai toujours été une sorte de dégingandé à l'école. Avant de sortir et d'affronter la foule, je me fixe et me dévisage dans le miroir jusqu'à ce que je m'oblige à arrêter, puisqu'il n'y a rien à faire. »

À part Robert, Kristen et maintenant Taylor Lautner (qui incarne Jacob Black), le reste des acteurs a pu plonger dans l'euphorie mondiale et en sortir chaque fois qu'ils en ont eu envie. Ils ont pu goûter la folle et grisante atmosphère sans avoir à vivre l'attention journalière dont les vedettes principales font l'objet.

Facinelli a dit : « Je n'ai pas été beaucoup reconnu après le premier film, ce qui n'est pas si mal. Je peux marcher dans la rue, aller boire un café, mais Rob ne peut aller nulle part. Il doit le faire en se cachant. » Cela ne veut pas dire qu'une fois de temps en temps il n'y a pas quelque étranger pour un scénario d'autographe bizarre. « J'étais à Hawaï sur une plate-forme flottante, à me prélasser au soleil et j'avais ma fille de 2 ans sommeillant sur mon épaule. Une fille a nagé jusque-là et m'a demandé : « Êtes-vous le Dr Carlisle ? » C'était vraiment amusant. »

Robert est néanmoins reconnaissant au club des fans de *Twilight*, les considérants même plus dévoués que les fans d'*Harry Potter.* « Il y a cette sorte de connexion étrange que certaines personnes ont avec les livres, cela peut être assez extrême. Je pense qu'il y a des fans d'*Harry Potter* qui sont comme ça aussi, mais je suppose que cette histoire est tellement intime que les personnes pensent connaître vraiment les personnages et peuvent ressentir des émotions. »

Grâce à son expérience dans *Harry Potter*, Rob obtint des conseils des autres acteurs pour garder la tête sur les épaules. « Je n'ai pas beaucoup de préoccupations, car c'est tellement nouveau pour moi maintenant. Ma seule inquiétude est que lorsqu'un énorme battage médiatique est fait autour d'un événement et que vous êtes au centre de l'attention, les gens veulent instinctivement vous démolir. Ce qui fait peur est que vous ne puissiez pas en sortir. Vous n'êtes pas en train de dire : « Eh ! Regardez-moi ! », mais les gens vous attribuent des trucs et si vous ne savez pas si vous êtes prêt pour ça ou non, cela devient effrayant. »

« Je pense que vu la façon dont les jeunes d'*Harry Potter* gèrent la célébrité, le mieux est en effet d'ignorer tout ça et de continuer à vivre le plus normalement possible. Ça a vraiment bien marché pour eux. Ils sont tous très sains. Je pense à Daniel qui vit dans la même maison où il a grandi, à Londres. Vous pouvez vraiment voir qu'il a mûri. Il veut juste faire du bon travail, il n'y a rien d'autre que ça. Vous n'avez pas besoin d'être à Los Angeles. Bon, quelques fois vous le faites, mais vous n'êtes pas obligés d'aller dans des clubs ou dans des trucs de ce genre. »

Toutefois, Robert n'arrive pas encore à se faire à l'hystérie collective qui semble le suivre constamment. « Le plus grand défi est de faire face à la foule. Je suis une personne tranquille, réservée. C'est étrange. Vous devez changer un peu. Marcher dans la rue provoque des hurlements. »

L'attention de la masse de fans lui a aussi fait vivre quelques moments angoissants. La réalisation du drame *Remember me*, le premier film dans lequel Robert a tourné depuis que la saga de *Twilight* avait commencé, est devenu plus synonyme de ce type de comportement que son contenu. Plusieurs médias ont publié des photos de lui cherchant à échapper à une horde de jeunes filles hurlantes juste pour aller du plateau de tournage à sa caravane, laquelle se trouve parfois seulement à quelques pas de là. Une fois, il témoigna même du côté risqué d'avoir autant de fans. Il se dirigeait vers sa caravane à New York avec ses gardes du corps lorsqu'une horde d'adolescentes hurlantes se mirent à courir vers lui. Cela a débuté comme la scène du film des Beatles, *A Hard Day Night*, où le groupe tentait d'échapper aux filles à travers les rues de la ville, mais les choses prirent une tournure plus effrayante lorsque Robert finit sa course sur la route où un taxi l'a renversé. L'agence de presse *Reuters* déclara ceci : « Pattinson a été heurté à la hanche devant une librairie à Manhattan où il était en train de tourner des scènes pour son nouveau film, *Remember me*, un drame ayant pour sujet deux jeunes amants qui doivent faire face à des tragédies familiales. Entouré de cinq agents de sécurité, l'acteur britannique tentait d'échapper à un groupe d'adolescentes lorsque l'accident est survenu. »

Heureusement Robert ne fut pas sérieusement blessé et revint sur le plateau peu de temps après. Mais on ne sait pas qui était le plus ému, Robert ébranlé qui s'en était bien tiré ou les filles. « Vous avez-vu ce que vous avez fait ? Vous l'avez presque tué ! » a hurlé un des gardes du corps.

L'incident a conduit les officiers de police de New York à critiquer l'équipe chargée de la sécurité de Robert. « Trop, c'est trop. Ces agents de la sécurité ne sont pas à la hauteur de leur tâche, ils n'ont aucune idée de la façon dont il faut gérer la foule que ce type attire » a déclaré une source de la police au *irishcentral.com.*

Les personnes communes ne sont pas les seules à déclarer être attirées par Robert. Son charme s'étend jusqu'au monde des célébrités. En parlant de son béguin pour lui, Paris Hilton a dit : « J'ai vu *Fascination* seulement la nuit passée pour la première fois et je dois dire que Rob est un très bel homme et un acteur incroyable. Il est fabuleux ! Je ne l'avais pas compris avant, mais maintenant cela a pris tout son sens. J'ai vraiment apprécié le film et j'ai adoré y regarder Rob. »

Megan Fox, qui a été élue la femme la plus sexy de la planète, a déclaré : « Je voudrais juste être aussi belle que lui. Je veux ce James Dean, ce chevelu au cul sexy. »

Miley Cyrus, la vedette adolescente, qui avait dit une fois qu'elle ne comprenait pas la raison de tout ce tapage, a déclaré sur Twitter : « Aujourd'hui j'ai serré dans mes bras Rob Pattinson. Ok les filles, j'ai compris maintenant. Terriblement mignon. »

Même des célébrités masculines ont été promptes à chanter les louanges de Robert, bien que ce ne soit pas sur son apparence. « [Mickey Rourke] une fois s'est approché et m'a dit qu'il avait vraiment aimé la bande-annonce [de *Tentation*], raconte Robert. Ce fut le truc le plus étrange et l'expérience la plus surréelle que j'ai jamais vécue. Les deux seules célébrités qui sont venues me faire un commentaire ont été lui et Zac Efron, deux acteurs aux antipodes. »

Et cela n'est pas fini. Le producteur de *Twilight – Chapitre 2 : Tentation (New Moon)*, Wyck Godfrey a déclaré que le phénomène s'est tellement amplifié lors du tournage en Italie qu'ils ont dû lutter pour éviter que Robert ne soit « mis en pièces ».

Chapitre neuf

Assoiffé de son sang

« J'étais dans un restaurant lors d'une pause et lorsque je suis sorti deux heures plus tard, cinq cents personnes m'attendaient à la sortie. » – Robert Pattinson

Cela parait difficile d'y croire maintenant, mais il fut un temps où les fans de *Twilight* ne furent pas d'accord avec le choix de Robert pour incarner Edward Cullen. Suite à l'annonce de cette décision, beaucoup de fans de la saga se précipitèrent sur les blogs pour y décharger leur colère, quelques-uns le traitant de « moche ». Stephenie Meyer a admit « avoir eu le cœur brisé » par cette brutale réaction initiale des fans.

Dans une interview relâchée avant la sortie du film *Fascination*, elle a déclaré : « Parce que j'ai connu un peu la célébrité, je sais combien ces choses peuvent être blessantes. Je lui présente mes excuses pour lui avoir ruiné la vie. Il a dit que sa maman lui envoyait des messages tels que : « Oh non, ils te traitent de gargouille ! » « Ils l'ont beaucoup malmené. La manière avec laquelle il prit les choses fut beaucoup plus positive que celle que j'aurais eue à sa place : « Je vais y aller et leur prouver qu'ils ont tort. »

« Le film n'était pas encore sorti qu'il avait déjà conquis plus de 99,9 % des gens qui l'avaient critiqué dans le rôle d'Edward. Et lorsqu'ils ont vu le film, mon

Dieu, c'était impossible de ne pas l'aimer ! D'une certaine manière c'est dommage, car *Fascination* va être limité du fait qu'il s'agit d'une romance de vampires et qui est fondamentalement destinée à un public d'ados. À part cela, son interprétation à mon avis est digne d'un Oscar. »

Curieusement Robert semblait être d'accord avec les fans au sujet de son engagement pour le rôle. « Il y a eu une réaction énorme à propos de ma sélection pour le rôle d'Edward Cullen. Soixante-quinze mille fans de *Twilight* ont signé une pétition contre moi. Je m'y attendais complètement. C'est la raison pour laquelle je ne voulais pas y aller au début, car là c'est vraiment vous exposer. Vous vous dites : « Oh ouais ! Je crois que je peux jouer ce rôle, le gars parfait, le plus beau type au monde. » Même en allant à l'audition, je me sentais un peu comme un idiot. Je me sentais déjà jugé par tous ceux qui auraient été au casting. À vrai dire, j'ai même pensé qu'en ayant le culot d'y aller cela signifiait être arrogant. J'ai presque été content lorsque les réactions des fans ont été cent pour cent négatives. Ma réaction a été : « Merci. Je ne suis pas parfait. » Sur tous les blogs on pouvait lire : « C'est un minable. » Je me suis dit : « Cool, je suppose que je vais être un acteur de caractère. »

La réalisatrice Catherine Hardwicke n'avait pourtant aucun doute. « Nous avions besoin de quelqu'un qui était à la fois beau et effrayant, a-t-elle déclaré. Le type que les jeunes voulaient tous avoir pour Edward était Tom Welling de *Smallville*. Il est beau mais est-ce que vous vous imaginez avoir peur de lui ? Nous n'avions pas une autre possibilité jusqu'à ce que Rob arrive. Et le film repose entièrement sur ses épaules. »

Même les membres du studio n'était pas sûrs au début, se souvient Hardwicke. « Il y a eu un appel du chef du studio me demandant : « Êtes-vous sûre que ce gars peut devenir beau ? » a-t-elle raconté au magazine *GQ*.

Juste pour montrer combien les gens peuvent être inconstants, seulement quelque mois après, la passion pour R-Pattz commençait. Mais il avait beau être annoncé comme la prochaine star montante à l'approche de la date de sortie de *Fascination*, cela n'avait aucune signification tant que les encaissements ne refléteraient pas le battage médiatique. C'est sans aucun doute ce qui s'est passé. Aux États-Unis, *Fascination* a détrôné au box-office *Quantum of Solace* de James Bond et a fait plus de soixante-dix millions de dollars de recettes trois jours après sa sortie, un chiffre ahurissant pour un film à budget modeste. Ce fut aussi la plus grande première pour un film indépendant jamais réalisée jusqu'alors.

Hardwicke savait que Robert était une vedette en gestation, encourageant même les fans à se manifester davantage. « Je crois que c'est super. La plupart du temps dans nos vies nous sommes supposés nous comporter correctement, mis dans une boîte et prêt à faire ce que l'on nous dit. Mais quand vous allez à une première ou à une partie de foot vous devez hurler, prendre du plaisir, c'est ça qui est génial ! »

« Pour moi, Rob est vraiment comme une créature détachée du monde. Je pense qu'il aurait été génial s'il avait interprété un personnage complètement étrange et intéressant, comme un Johnny Depp avec les personnages mystérieux de Tim Burton. C'est aussi un magnifique musicien, auteur, pianiste et guitariste. Je crois que c'est un grand. J'ai été ébahie lorsque je suis allée au studio où je l'ai vu chanter et composer » a-t-elle ajouté.

Cependant, Meyer craignait pour sa santé mentale, sachant que son monde allait changer complètement suite à cette décision d'interpréter Edward. « Désormais il allait y avoir un groupe de filles qui allait continuellement suivre ses faits et gestes. Alors j'ai demandé au producteur : « Est-ce ce que Rob se sent prêt à vivre ça ? « Avez-vous des gars pour le préparer ? Est-il prêt à « incarner le jeune homme branché ? » Je ne pense pas qu'il le soit réellement. Je ne pense pas qu'il se voit lui-même dans cette situation. Et je crois que la transition va être un peu difficile. »

Elle ne pouvait être plus perspicace dans son jugement. « Ça me fait de la peine pour Robert, a ajouté son partenaire Peter Facinelli. Il n'aurait pas accepté s'il avait su ce qui allait se produire ; le groupe de fans initial s'est agrandi depuis que nous avons tourné ce film. Il y avait des fans rebelles quand nous avons commencé. Je me souviens que nous sommes tous allés sur leur site Web et ils disaient : « Ils se trompent dans les « rôles. Facinelli n'a pas de cheveux blonds, à quoi « pensent-ils ? » Rob a signé en pensant que ça allait être un petit film sympa et soudain il devient le nouveau James Dean. C'est beaucoup pour les épaules d'un jeune homme, mais on espère que ça va aller. Il est un peu exaspéré. Il n'a pas envie de quitter son appartement. Mais je crois que ce sera bien, cela lui apportera de bonnes choses. »

Après la sortie du film, il y eut une énorme vague d'intérêt pour Robert reflétée par le fait qu'il se retrouva classé dans différents sondages devant un certain nombre d'hommes. Le magazine *Glamour* en août 2009, la nominé l'homme le plus sexy du monde. Plus de 2 000 personnes participèrent à ce sondage qui montrait Robert battre des concurrents comme Brad Pitt, George Clooney, Hugh Jackman, Johnny Depp et Zac Efron de *High School Musical.*

La journaliste Karen Krizanovich a déclaré : « Le dégingandé Robert Pattinson est du sex-appeal en puissance. Il a des pommettes saillantes, un regard dangereux et une crinière sur laquelle je marcherais pieds nus. Mais c'est sa modestie et son charme qui m'ont époustouflés. Un coup d'œil et je dois me calmer avant de faire quelque chose d'irréfléchi, comme monter à bord d'un avion et le traquer. »

On ne peut pas dire que Robert soit excessivement affecté par tout cela. « La définition d'acteur le plus sexy ne signifie pas grand-chose, a-t-il dit. Vous subissez peut-être un mois de pression, de battage médiatique, et si vous n'en tirez pas parti, quelqu'un d'autre le fera. »

Il en a certainement tiré profit lorsqu'on lui a demandé de présenter une partie des Oscars en 2009 avec Amanda Seyfried, la vedette de *Mamma Mia!* Cela s'est révélé une nuit irréelle comme Robert l'a judicieusement décrite : « Dans quelle aventure me suis-je embarqué ? C'était si ridicule, et cela le devenait de plus en plus. J'y suis allé et je me suis assis au deuxième rang, c'était incroyable. Je continuais tout le temps à penser que quelque chose de terrible allait se passer. Je suis arrivé au bout de ma chance, donc je vais probablement mourir à 23 ans ou quelque chose dans le genre. »

Des rumeurs circulaient sur sa partenaire Kristen Stewart, censée participer avec lui à la cérémonie, mais apparemment elle s'est retirée et son père a dit d'une manière quelque peu glaciale, que sa fille serait présente aux Oscars « lorsque ce sera un bon film, pas « seulement un qui rapporte beaucoup d'argent ».

La situation est devenue encore plus ridicule quelques mois après, lorsque Robert participa au 62e Festival de Cannes. La foule fut prise d'une hystérie collective, identique à celle du temps des Beatles. Les plus grands noms du monde avaient beau être présents dans la ville, mais il semblait que les médias et les spectateurs n'avaient d'yeux que pour Robert.

Lors de ce festival, deux fans chanceux purent emporter avec eux un souvenir qui allait subsister dans leur mémoire. En effet, présent à la cérémonie de l'amfAR Cinema Against AIDS Benefit, Robert aidait la cause en contribuant à cette célèbre vente aux enchères.

« L'acteur de 23 ans était assis à une table lorsque le magnat du cinéma, Harvey Weinstein suggéra à Robert de vendre un baiser. Il fut choqué par cette action impromptue, mais accepta d'adhérer à cette cause et de faire monter les enchères au bénéfice de cette œuvre » rapporta le site *TheBosh.com.* Le geste généreux de Robert n'a pas seulement donné à deux adolescentes une histoire qui ferait baver d'envie leurs copines, mais il a permis de recueilli 70 000 dollars.

Weinstein, qui a organisé le gala pendant des années, a dit : « Rob Pattinson, je l'ai fait embrasser des filles à Cannes ! C'est le plus charmant et merveilleux des jeunes hommes. Il tenait vraiment à cette action de charité et ce n'est pas une chose facile à faire. C'est quelque chose de gentil, d'adorable. Et puis nous avons eu deux enchères. »

En parlant de son expérience de Cannes au magazine français *Premiere*, Robert a dit : « J'étais dans un restaurant lors d'une pause, et lorsque je suis sorti deux heures plus tard, cinq cent personnes m'attendaient à la sortie. C'était un chaos total. Mais je suis sûr que si j'avais dit à l'une de ces filles : « Viens, « allons déjeuner » elle aurait été complètement embarrassée et n'aurait plus jamais hurlé mon nom. »

Toute la vie de Robert avait changé, mais il était difficile de savoir si c'était en bien ou en mal. D'un côté il a déclaré ouvertement être quelqu'un de réservé désirant tourner des films artistiques plutôt qu'à grand succès, mais de l'autre côté, il joue avec son image de vedette, se préoccupant de signer des autographes à ses fans et passant son temps sur Google pour voir ce que les gens pensent de lui.

« Internet se nourrit du plus mauvais côté de votre âme. Lorsque vous n'avez rien à faire, que vous êtes trop fatigué pour lire un livre alors vous y allez. Je lis les nouvelles, je vais sur le *New York Times*, et ensuite, las, je vais sur IMDb. Et alors vous réalisez combien vous êtes pitoyable. Je dois effacer mon historique [des sites Web visités]. C'est une sorte de drogue, mais en même temps c'est pathétique. »

En parlant au sujet des débuts de l'hystérie de *Twilight*, il a déclaré : « J'aimerais bien penser ne pas avoir beaucoup changé. Au fond de moi, je ne pense pas être différent. Lorsque je sors dans la rue, je regarde plus souvent par terre. C'est extraordinaire. Je ne pense pas que quelqu'un s'attendait à ça. Comic-Con [la manifestation sur les comics, films et séries télévisées basés sur des super-héros, de 2008] en a été le révélateur et ce phénomène ne cesse de s'amplifier depuis, ce qui est une chose intéressante à affronter. Je pense que c'est encore trop tôt pour moi et je ne vois aucun aspect négatif. Je vis toujours de la même manière, mais on me reconnaît. Ce n'est pas la pire chose au monde. »

Robert a même eu droit à ce que toutes les vedettes redoutent : un désaxé. Mais il n'est pas certain que beaucoup gèrent la situation de la même manière que lui. « J'ai eu une détraquée pendant le tournage du film en Espagne l'année dernière, a-t-il dit au magazine *Crème.* Elle est restée tout le temps devant mon appartement pendant des semaines, toute la journée, chaque jour. J'en ai eu tellement assez et j'étais si seul que je suis sorti et j'ai dîné avec elle. Je me suis plains à propos de tout et de rien dans ma vie et elle n'est jamais revenue. Au bout de deux minutes, les gens s'ennuient avec moi. »

Malgré quelques protestations, personne ne semble s'ennuyer de lui. Au contraire chacun voudrait tout savoir à propos de *Twilight* et de Robert Pattinson en particulier. Il n'est pas surprenant que cette constante attention a vite commencé à se révéler néfaste pour lui. Cela a du être préoccupant pour Robert, solitaire déclaré, de réaliser soudain qu'il avait perdu cette liberté tant chérie. « Je ne me souviens pas comment était ma vie normale » a-t-il admis lors de la promotion pour *Tentation.*

Luttant contre l'attention des paparazzi, Robert a déclaré en soupirant : « J'étais déjà une personne assez parano, donc cela ne me met pas vraiment à l'aise lorsque les gens me regardent. Je crois que je n'ai pas choisi le bon travail. Je n'aime pas que l'on me prenne en photo. Je n'aime pas attirer l'attention. Je crois que quelqu'un me suit continuellement. Ils font les choses de façon imprévisible comme me prendre en photo à travers la vitrine d'un fast-food. C'est comme s'ils étaient toujours deux mètres derrière moi. Je ne comprends pas. Je me promène et je ne vois personne. »

Lors d'une interview relâchée au magazine français *Première*, il parlait du fait de devoir embaucher des gardes du corps. « Je me sens comme une fouine lorsque des trucs comme ça arrive, comme si le monde ne tournait qu'autour de moi. Je suis sans cesse sur le qui-vive, super vigilant, parce qu'à tout moment, quelqu'un peut filmer ou enregistrer ce que je suis en train de dire. [...] Cela me donne l'impression de travailler non-stop. Au moins sur le plateau, le niveau de sécurité me donne un peu d'intimité. C'est un soulagement. Je n'ai pas encore trouvé une place au monde jusqu'ici ou je pourrais disparaître. Même dans l'endroit le plus reculé que je puisse imaginer, il y a quelqu'un qui me demandera un autographe ou qui voudra être photographié avec moi. »

La vie normale semble être de plus en plus loin, parce qu'en ce moment Rob est l'acteur le plus « hot » de la planète ce qui signifie beaucoup d'attention de la part des médias et de ses fans. C'est quelque chose qui inquiète la réalisatrice Hardwicke. Elle a même admis se sentir coupable d'avoir une part de responsabilité dans la transformation de Robert et Kristen Stewart de simples acteurs à superstars.

« Je veux dire, une partie de moi ressent une sorte de culpabilité, car ils sont tous deux de tels esprits libres... Si indépendants, explique-t-elle. Je me sens mal à cause de toute cette folie. Je ne crois pas qu'ils aiment être sous les feux des projecteurs. Ce sont vraiment des artistes, ils aiment exercer sérieusement leur art, que ce soit intéressant. Donc j'espère qu'ils vont trouver leur chemin, se réaliser, et laisser que toute cette frénésie s'apaise. »

Michael Welch, qui interprète Mike Newton dans les films, a ajouté : « Rob Pattinson et Barack Obama sont les deux personnages les plus célèbres du monde. Je ne vois pas comment ceci est supportable. Et si cela continuait pour le reste de leur vie ? Est-ce que c'est le moment de s'en préoccuper ? C'est dur. Je ne sais pas où sa vie se dirige vraiment. Je n'aimerais pas du tout avoir la vie de Robert. Je suis content qu'il aille bien. Et aussi longtemps que les gens ne commenceront pas à lui sauter dessus pour le briser en deux, je pense qu'il ira bien. Je lui souhaite le meilleur et j'espère que tout se passera bien pour lui. »

Chapitre dix

Coup de foudre dévorant

« *J'ai toujours aimé une certaine dose de folie chez les femmes et elles me plaisent lorsqu'elles sont très, très fortes.* » – Robert Pattinson

Même si Rob reste très réservé sur son attrait physique, selon sa mère il a toujours été populaire auprès des filles. Ce n'est donc pas étonnant qu'une fois entré dans le top de la liste des acteurs attrayants, les conjectures sur ses prétendues flammes s'intensifièrent.

Il y eut Camilla Belle, l'actrice de *Push*. Les deux étaient amis, mais cela ne freina pas les rumeurs qu'il y avait peut-être quelque chose de plus. Dans les faits, il y eut un coup de théâtre dans l'histoire, car Rob fut étiqueté comme briseur de ménage pour avoir provoqué la fin de la relation de Camilla avec le chanteur Joe Jonas, étiquette qui avait été collée à Camilla lorsque la rumeur avait couru que Jonas avait quitté la chanteuse Taylor Swift pour elle.

Toutefois, Robert a promptement défendu l'honneur de Catherine : « Nous sommes amis. Camilla est vraiment gentille. C'est une sainte. Et c'est drôle qu'elle ait été présentée comme une briseuse de ménage, car c'est probablement la personne qui en est le moins capable. C'est vraiment ridicule. » Et Camilla ajouta :

« Nous sommes un grand groupe d'amis. Robert est vraiment sympa, c'est un chic type. »

On n'attribue pas à Rob seulement des liens avec certaines amies, mais aussi avec des gens qu'il ne connaît même pas, comme la belle Megan Fox de *Transformers.* « Il est outrageusement séduisant, c'est vraiment un très bel homme, a-t-elle déclaré. Je n'ai jamais été dans une chambre avec lui, si bien que ces rumeurs ne sont pas vraies. Bien que, vous savez, n'importe quelle autre fille de la planète le désirerait, mais je n'en ai pas eu l'opportunité donc… »

On dit que Rob est sorti avec d'autres filles, dont la Californienne Erika Dutra, qu'il a rencontrée au gala de charité de l'amfAR à Cannes, ou encore l'actrice télé américaine, Shannon Woodward. On a même dit qu'il flirtait avec la vedette de *Star Wars*, Natalie Portman lors de la fête des Oscars du magazine *Vanity Fair.*

En parlant du genre de fille qui lui plaisent, Robert a dit : « J'ai toujours aimé une certaine dose de folie chez les femmes et elles me plaisent lorsqu'elles sont très, très fortes. Et ce sont les pires, les femmes fortes mentalement. »

Si l'on parle de Robert et de ses relations féminines, alors il faut inévitablement parler de sa partenaire aussi. Car Robert et Kristen Stewart sont impliqués dans l'une des plus grandes romances des temps nouveaux, et la rumeur a rapidement commencé à circuler qu'ils étaient aussi proches hors caméra que dans le film. La discussion a ravi quelques fans de la série, en décevant bien sûr quelques autres.

Il n'est pas surprenant que Rob et Kristen soient si proches en considérant leur importance dans *Twilight* ;

leur intimité fut évidente avant même que la caméra ait commencé à tourner. « Nous nous sommes assis autour de la table de ma salle à manger, pendant environ deux nuits entières avec le scénario » a révélé Kristen, ce à quoi Robert a répliqué : « Deux nuits ? C'était plus que deux nuits ! – Bon, en fait pendant toute la pré-production, a admis Kristen. Mais il y a eu deux nuits où nous avons été vraiment productifs. »

Une des ruses de Robert pour briser la glace a été de la demander en mariage à plusieurs occasions pour plaisanter. « C'est-à-dire que je ne sais pas jusqu'à quel point il était sérieux, mais oui, a rétorqué Kristen. « Nous avons passé beaucoup de temps ensemble, des moments vraiment intenses. »

« C'était une de mes habitudes, mon truc, a expliqué Robert. Je le proposais tout le temps. Je vais vers une fille que je connais et je lui dis « je t'aime », ou je la demande en mariage. Cela marche toujours. »

Ce n'est donc pas une surprise que tout le monde veuille les voir ensemble, l'alchimie entre eux est palpable. Hardwicke, qui les a construits, dit que c'était là depuis leur bout d'essai sur son lit au tout début. La scène d'essai était celle où Edward dit finalement à Bella qui il est réellement. Robert l'a jouée dans une immobilité totale, pour assurer aux mots toute l'attention nécessaire privilégiant le pouvoir de l'atmosphère aux mouvements inutiles.

Pas un seul ne l'a jouée de cette manière. « L'un des candidats m'a jeté un coussin à la tête, a raconté Kristen à propos d'un autre aspirant au rôle. Les gens essayaient de sortir leur colère sur scène, d'être vraiment agressif. Mais pas Robert, il l'a jouée de façon très simple. C'est ce qui était génial. Tout le monde a été très théâtral, par exemple en utilisant toute la chambre. Mais lui il a simplement dit ses répliques debout. »

« Kristen a tourné trois scènes avec eux [les autres acteurs], se rappelle Hardwicke, et nous avons fait la fameuse scène sur mon lit. Lorsque Rob et Kristen l'ont réalisée et que je filmais, tout a été clair. L'alchimie qu'il y avait entre eux ne faisait aucun doute, avec la juste intensité, ils allaient bien ensemble. Cela devenait vivant. J'ai déclaré : « Ok, c'est fait, nous avons notre « gars. »

Kristen a tout de suite été d'accord et après son départ elle a dit à la réalisatrice « C'est Rob qui doit incarner Edward. »

En parlant de cette scène, Robert a déclaré : « L'audition pour le rôle s'est vraiment bien passée et Kristen aussi a été super, mais en même temps il y avait quelque chose de vraiment très sérieux chez elle. Je ne m'attendais pas à une fille comme elle pour jouer Bella. Son professionnalisme m'a rendu muet quand je ne jouais pas. Cela a en outre accru l'impression de sérieux. »

Kristen fut en fait la raison principale de la présence de Robert à l'essai. « J'avais lu le scénario et je savais à peine qu'il était tiré des romans. La seule raison pour laquelle je me suis rendu à l'essai, c'était pour voir Kristen, car je l'avais juste aperçue dans *Into the Wild.* » « Le fait qu'il y ait Kristen, c'était comme une assurance. C'est-à-dire qu'elle avait le vent en poupe et on lui offrait de bons rôles. Et quand j'ai découvert qu'elle y jouait, je me suis dit que ça ne devrait pas être un film idiot. Car pourquoi ferait-elle un film idiot si c'est une actrice en vogue ? »

Kristen se rappelle : « Tout le monde est venu jouer

Edward avec l'air du parfait type décontracté, mais j'ai ressenti chez Rob une peine inconditionnelle. Ce fut une pure sensation. Rob est arrivé à l'essai l'air terrifié. La douleur était simplement si évidente chez lui. Je ne dis pas que c'est en lui, mais il savait ce qu'il fallait apporter à ce personnage. Nous n'avions pas besoin d'un modèle du genre sculptural qui vienne et pose seulement. Je ne pouvais pas imaginer quelqu'un d'autre jouant le rôle. Ils ne me regardaient même pas. C'était comme si ils étaient concentrés sur leurs répliques, mais Rob est très viscéral. Il vit le moment présent et laisse venir, ce qui est courageux. C'est un acteur intrépide. »

Elle a déclaré au magazine *GQ* : « Tout le monde venait et faisait quelque chose de vide, superficiel et maladroit. Je sais que ce n'est pas génial de dire ça des autres acteurs, mais Rob a compris que ce n'était pas un rôle frivole. »

Toutefois, Kristen a juré aux fans de Robert que l'embrasser n'était pas aussi fantastique que ce que l'on pourrait imaginer. « Il a une barbe très dure. Vous ne vous en rendez pas compte au début, mais au bout de cinq minutes vous vous dites : « Aïe ! Je crois que je « saigne. Je crois que j'ai la peau à vif » a-t-elle dit au magazine *People.*

Dans un sens tout ceci a démontré combien les nouvelles se multiplient autour de Robert. Même son hygiène corporelle a été minutieusement discutée. Le magazine *GQ*, qui l'a interviewé pour une photo de couverture, a déclaré que ses habits dégageait une forte odeur « comme s'il les avait récemment achetés à quelqu'un de moins chanceux que lui. » Une source de *Tentation* a déclaré sur *E! Online* : « Il pue. Je veux dire, c'est atroce. Il ne se douche jamais, et il rend les gens fous sur le plateau. Il empeste complètement. »

Robert s'en soucie bien peu, en haussant les épaules il déclare : « Je n'ai pas beaucoup le sens de l'hygiène personnelle, de la coupe de cheveux ou de quoi que ce soit d'autre. »

Mauvaises odeurs à part, il n'est pas surprenant qu'ils aient été soupçonnés de sortir ensemble. Preuve en est le simple témoignage des hurlements de ravissement de la part des fans lorsque le couple est allé accepter le prix du meilleur baiser aux MTV Movie Awards, en mai 2009. À un certain moment ils se sont regardés d'un air énamouré avant de se rapprocher et alors que les spectateurs retenaient leur souffle, ils ont reculé, se retournant vers le micro et déclarant avec insolence : « Merci. »

Tous les deux ont eu du mal à nier ces rumeurs naissantes. Robert a insisté sur le fait qu'il était « jeune, libre et célibataire » alors que Kristen a ajouté : « C'est totalement faux. Robert et moi sommes de bons amis. Nous avons passé beaucoup de temps ensemble, donc nous nous sentons proches. Mais si nous sortons en public, le moindre petit détail est examiné, ainsi que la manière dont je me tiens à ses côtés. Je le connais vraiment bien. Il est naturel que nous soyons proches, car on nous pousse dans les plus psychotiques des situations. »

Bien sûr, au moment où les rumeurs ont commencé à se répandre, elle était encore avec Michael Angarano, qu'elle avait rencontré en 2004 lors du film pour la télévision *Speak*, lorsqu'elle avait alors 13 ans et lui 16. Toutefois, ce ne fut que trois ans plus tard qu'ils commencèrent à sortir ensemble. « Il était plus vieux que moi. Je n'avais jamais pensé sortir avec un acteur, mais il est mon meilleur ami » a-t-elle dit.

Lors d'une autre occasion, elle a ajouté : « Il était plus vieux que moi, maintenant il a 20 ans, mais lorsque j'avais 13 ans et lui 16, cela me semblait une chose hors de portée. Puis vous devenez un peu plus vieux et vous réalisez : « Ce que c'est idiot ce que je « suis en train de penser ? Je peux t'avoir à l'instant… » Elle a ri en claquant des doigts. « Il est génial. »

En demandant si Angarano, qui est devenu célèbre en jouant le fils de Jack dans la série télévisée américaine *Will et Grace*, a été ennuyé à propos de ces baisers à l'écran avec Robert, elle a insisté : « Il est devenu acteur bien avant moi et il a aussi fait ce genre de choses. Donc ça va. »

De fait, Angarano aurait aussi pu être une vedette aux côtés de Kristen dans *Twilight* : on lui a offert le rôle de Mike dans le premier film. « Michael allait se trouver dans la position difficile d'être jaloux d'Edward. C'était un peu proche de la réalité » a expliqué Hardwicke.

Kristen s'est depuis séparée d'Angarano, ce qui n'a fait qu'alimenter les rumeurs à propos d'elle et Robert. Le couple n'arrange pas la situation avec ce que Robert raconte en disant que son célèbre béguin est Kristen et elle déclare à MTV : « À vrai dire, il est outrageusement attractif, c'est vraiment un bel homme. » Lors d'une autre interview elle a cité : « Il est comme un artiste un peu torturé. Il est Anglais, grand, donnant l'apparence de toujours penser à quelque chose et il est assez spirituel. Il est vraiment sexy. »

Les sources d'informations continuent à insister sur le fait que Rob a eu le béguin pour Kristen dès leur première rencontre. « C'est un Don Juan complet » a déclaré une source dans les médias. « Elle est inaccessible et c'est ce qui la rend attractive pour lui. »

Même Hardwicke jette de l'huile sur le feu : « Je les ai choisis ensemble, car évidemment je pense qu'ils vont très bien ensemble. Il n'y a aucun doute là-dessus. [...] Ils sont tous les deux étonnants avec des esprits vraiment intéressants. »

Elle a ajouté sur le célèbre site *Allie is Wired* : « Dès l'instant où ils se sont rencontrés, vous pouviez sentir l'attraction magnétique et la tension sexuelle. Ce qui est essentiel à transférer sur grand écran. J'ai de la chance de diriger Kristen et Rob, car leurs visages sont magnifiques. Ils sont si expressifs, leur peau est juste comme de la porcelaine et quelquefois je regarde le moniteur en pensant littéralement : « Je suis si excitée » en me mettant à sauter, mais sans dire quoi que ce soit, car je veux les garder dans le moment présent. Quelquefois j'ai l'impression d'avoir trouvé de l'or. Et c'est vraiment excitant. »

La covedette Ashley Greene (qui joue Alice Cullen) a dit du couple : « L'alchimie est incroyable » et l'auteur du scénario de *Fascination* à l'écran, Melissa Rosenberg l'a décrite comme sincère. « Lorsque j'ai écrit *Fascination* je ne savais pas qui allait jouer dedans, donc je l'ai écrit en vase clos et il y a eu quelques réécritures qui ont dû être faites lorsque nous avons su qui ils étaient. J'avais commencé l'écriture avec une pointe de comédie qui n'était pas appropriée pour ces acteurs et leur ton. »

Tous ne furent pas si heureux à l'idée de les voir en couple dans la vie réelle. Suite à la nouvelle de la séparation de Kristen avec son copain, la tante de Robert,

Monica Nutley, a exprimé sa déception à propos des rumeurs sur le couple présumé. « Je ne crois pas que ce serait une bonne idée pour Robert d'avoir une relation sérieuse avec Kristen, a-t-elle dit. Comment pourrait-il vivre sa vie avec une compagne vedette, avec leurs moindres faits et gestes épiés comme Tom Cruise et Katie Holmes ? Il n'a que 23 ans et s'il a du bon sens probablement il ne se mariera pas avant ses 40 ans. Je crois que finalement il reviendra en Angleterre et tombera amoureux d'une fille qu'il a connue à l'école. »

Cela pourrait se révéler être une surprise maintenant, mais malgré leurs moments d'alchimie, Robert a presque compromis leur relation, en essayant de trop impressionner. « Au début, j'ai pensé : « Parce qu'elle « est trop sérieuse, je dois être vraiment sérieux. » Je ne lui ai pas parlé pendant à peu près deux mois car je désirais vraiment sembler intense. Je ne voulais parler que du film. Mais je lui recommandais tous ces livres. Pourtant, cela ne marchait pas vraiment. Ensuite j'ai commencé à perdre mes moyens et mon personnage s'effritait. Je me sentais idiot de la suivre tout en lui disant : « Il faut vraiment que tu lises quelque chose de « cet écrivain français, Émile Zola, et il y a ce réalisateur « français incroyable, François Truffaut. » Elle a commencé à me poser des questions : « Au fait t'as vu ce film ? – Ouais. – Ça parle de quoi ? – C'est au sujet d'un gars sur un train. – Est-ce que t'as juste jeté un coup d'œil à la photo sur la couverture du DVD ? »

Néanmoins, d'innombrables articles, des blogs et des vidéos ont été consacrés à la romance éventuelle entre Robert et Kristen ou « Robsten », comme ils ont été surnommés dans la presse. S'ils étaient aperçus ensemble dans un bar à Vancouver ou entrevus s'enlaçant au concert de *Kings of Leon*, la rumeur déclarait les avoir découverts plus intimes.

Mais il semble aussi qu'aucun membre féminin du casting de *Fascination* ne soit à l'abri lorsque Robert est dans les alentours ; on l'a aussi relié à la covedette Nikki Reed (qui joue Rosalie Hale). Encore plus étrange, le site Web *backseatcuddler.com* a déclaré que tous les deux avaient effectué une sortie entre couples, avec Kristen et son copain. Parfois, c'est difficile de suivre le rythme.

Cela devient même plus alambiqué avec l'apparition d'Emilie de Ravin. Les commentaires ont abondé sur l'intimité de Robert avec sa partenaire dans *Remember me*, davantage connue pour le rôle de Claire dans le feuilleton télévisé intitulé *Lost, les disparus*, ce qui semble excessif pour l'apparente jalousie de Kristen.

En attendant, Robert se moque de toutes ces rumeurs. « Le film est tellement protégé. Quelqu'un a dit que c'était comme être au cœur de la tempête. Lorsque vous y êtes, vous ne pouvez pas ressentir autre chose que de la traverser. Cela semble complètement calme. Ensuite vous jetez un coup d'œil aux couvertures des magazines et vous réalisez que c'est en fait une vraie couverture de magazine avec les qu'en-dira-t-on qui déclarent que nous sommes ensemble. C'est vraiment stupide mais les gens semblent y croire. »

Profondément irrité par toutes ces spéculations, le père de Kristen à l'écran, Billy Burke, a déclaré : « S'ils veulent sortir ensemble, eh bien qu'ils le fassent. À cet âge-là, on fait tous des erreurs. Vous sortez avec des personnes avec lesquelles probablement vous ne devriez pas. Et cela fait partie d'un processus de croissance. » Il a aussi déclaré à *E! News* : « Pour autant que je sache, je dis seulement des âneries. Je n'y crois plus. S'il vous plaît ! »

Bien sûr, avec tous les grands films sentimentaux, les spectateurs veulent croire que la passion qu'ils voient à l'écran se reflète en dehors de celui-ci. Cela signifie qu'ils sont en train de regarder quelque chose de vrai plutôt qu'une grande interprétation. Les fans de *Twilight* sont désespérés de voir Edward et Bella amoureux dans la réalité.

Ce besoin de croire Kristen et Rob ensemble n'est pas prêt de s'estomper. Les magazines de célébrités remplissent les rayons des marchands de journaux avec d'énormes agrandissements d'images de Robert et Kristen accompagnés de gros titres comme « Enceinte », « Fiancée », « C'est officiel : ils sont ensemble », etc. ; sans aucune preuve tangible de ce qu'ils avancent.

Mais si les magazines se vendent, ils sont ensuite censés alimenter cette romance. Et pouvez-vous imaginer les fans de *Twilight* se fatiguer de leur lecture ? Donc nous entendrons parler du couple sans doute encore longtemps.

Chapitre onze

Une autre corde à l'arc de Robert

« La musique est mon plan de réserve si ma carrière au cinéma devait échouer. Je ne veux pas mettre tous mes œufs dans le même panier. » – Robert Pattinson

Robert se révèle également un musicien très talentueux qui joue de la guitare, du piano, et qui possède une voix excellente et particulière. « Je joue du piano depuis que j'ai 3 ou 4 ans. Et j'ai joué de la guitare classique de l'âge de 5 ans environ jusqu'à mes 12 ans. Ensuite je n'ai plus joué de la guitare pendant des années. Il y a à peu près quatre ou cinq ans, je l'ai ressortie et j'ai commencé à jouer du blues et d'autres trucs. Je ne suis pas très bon à la guitare, mais ça peut aller. »

Le hip hop est un autre genre musical auquel Robert s'est essayé. « Lorsque j'avais 14 ans, j'ai monté un trio de rap. C'était assez hard pour trois gosses d'école privée de la banlieue londonienne. » Malheureusement sa carrière de rappeur s'est terminée, car leur image de durs a été ébranlée lorsque la maman de Rob a fait un saut dans sa chambre pour voir s'ils voulaient quelques sandwiches de plus !

« C'est seulement récemment que je me suis vraiment remis au hip hop, dit-il aujourd'hui. Je suis en train de revivre mon enfance. J'ai beaucoup écouté le groupe Wu-Tang Clan. J'ai toujours voulu être un rappeur lorsque j'étais jeune. C'était ce que je désirais avant de commencer à jouer. »

Barnes, la ville natale de Robert, n'a pas seulement un héritage d'interprétation grâce à ses compagnies de théâtre, mais elle a aussi mis son empreinte dans l'histoire de la musique. C'est la maison des studios Barnes, qui a accueilli des personnalités comme Madonna, Coldplay, les Beatles et les Rolling Stones. Le pub Bulls Head dans le voisinage est décrit comme le « Ronnie Scott de la banlieue » grâce à tous les musiciens de jazz célèbres qui s'y sont exhibés. Barnes, dans une note plus triste, a aussi un rôle annexe dans l'histoire musicale, car c'est le lieu où est mort dans un accident de voiture Marc Bolan, le fondateur du groupe T-Rex.

À part le rap, Robert est également membre d'un groupe appelé Bad Girls. En parlant du groupe il a dit : « Bad Girls a appartenu à l'actuel petit ami de ma première copine. Il allait y avoir une soirée d'improvisation et il m'a invité à chanter, mais c'était juste pour le plaisir. Nous avons seulement joué lors de quelques concerts. Avec des amis et des personnes que j'avais rencontrées assez récemment. Nous voulions juste monter un groupe pour faire quelque chose. Beaucoup de mes amis sont acteurs et se retrouvent désœuvrés la plupart du temps, donc au lieu de s'ennuyer, on s'est dit pourquoi ne pas monter un groupe ? Et nous l'avons fait. J'avais des musiciens qui allaient et venaient. Je continue encore d'essayer de jouer, mais maintenant c'ést bizarre. »

« J'ai grandi à Londres avec quelques musiciens extraordinaires qui sont toujours mes amis, a ajouté Robert. Marcus Fosters, Bobby Long et Sam Bradley ont enregistré leur album maintenant, et Johnny Flynn (un chanteur folk) a fini le sien il y a quelques temps. Je l'ai juste vu jouer à Los Angeles et il était incroyable. Mais il a toujours été incroyable, donc je ne peux pas dire que j'ai été surpris. L'album est génial ; aucun autre ne fait de la musique comme lui. »

« La musique a une grande importance dans ma vie, mais pas immense. Je traverse des phases, spécialement lorsque je suis à Londres, où tout ce que je fais c'est jouer de la musique. »

Si la carrière d'acteur de Robert n'avait pas décollé, pour lui il n'y aurait eu qu'un seul travail qu'il aurait eu envie de faire : « Je voulais jouer du piano dans un restaurant dans le Sud de la France. Une fois je suis allé là-bas en vacances et j'ai vu un gars en smoking qui jouait. Il avait un verre de whisky sur le piano et il était assis avec un air si déprimé que j'ai pensé : « C'est le truc le plus chouette que j'aie jamais vu. » J'ai joué dans des pizzerias pendant quelques années et c'était vraiment le plus chouette truc que j'aie jamais fait. Je trouve toujours que c'est très, très thérapeutique. C'est le truc le plus relaxant que vous puissiez faire. »

Si vous avez de la chance, vous apercevrez peut-être Robert dans un bar karaoké. « J'aimais bien jouer en live dans les soirées d'improvisation et dans les bars, a-t-il révélé. Cela pouvait me rendre complètement dingue et je me sentais libre. Pour moi c'est une expérience cathartique. »

Toutefois, assurez-vous de ne pas l'enregistrer. « J'ai fait quelques concerts et les gens les ont filmés et mis sur Internet. Cela gâche toute l'expérience. Vous vous dites : « Mais ce n'était pas ça le but. » Donc j'ai arrêté. Je vais attendre que tout ceci se calme avant de recommencer à faire des concerts. »

De formation classique Robert a vaguement pris en considération l'idée d'une carrière dans la musique, mais il a décidé que l'interprétation était sa principale occupation dans la vie. « La musique est mon plan de réserve si ma carrière au cinéma devait échouer. Je ne veux pas mettre tous mes œufs dans le même panier » a-t-il dit au magazine *Los Angeles Times.*

Ironiquement, ce sont ses talents d'acteur qui ont servi à présenter ses talents musicaux. Deux chansons de Robert, *Never Think* et *Let Me Sign*, figurent dans *Fascination*, bien que Robert fut quelque peu réticent à l'idée de les voir inclues, par peur d'un contrecoup de la part des fans qui pouvaient penser que c'était un exercice cynique.

« C'était ce dont j'avais peur. Cela peut donner l'impression que j'essaie d'obtenir une carrière musicale par le biais de *Twilight* ou quelque chose du genre. Je n'ai jamais vraiment enregistré quelque chose, j'ai juste joué dans des pubs et des endroits de ce genre et je ne voulais vraiment pas avoir l'air d'en tirer profit. J'espère que cela n'apparaîtra pas ainsi. Je ne veux faire aucun clip ni quoi que ce soit. »

C'est Hardwicke qui a décidé d'inclure les chansons dans le film, après avoir entendu ses talents musicaux. « J'ai écouté quelque chose sur l'ordinateur de Nikki [Reed], a-t-elle révélé. Ensuite j'ai dit : « Rob, pourquoi « tu ne viens pas chez un de mes amis pour enregistrer « quelques morceaux ? Qui sait où cela peut nous « conduire ? » Donc nous sommes allés en tongs et en shorts dans une maison à Venice Beach chez un de mes amis. Les gars ont établi, je crois, six morceaux que nous avons pris et joués sur des scènes du film ; il y a deux scènes que j'ai vraiment aimées, où Rob, vous savez, me fait mourir dans le film. Dans la scène du restaurant lorsque Bella et Edward ont un rendez-vous, en fond sonore vous entendez une des chansons de Rob, intitulée *Never Think*. C'est vraiment une chanson d'amour personnelle. » Hardwicke a ajouté : « La première fois que j'ai entendu les deux chansons j'ai pleuré. Elles sont profondes, vraiment émouvantes. »

Rob a déclaré à propos de *Never Think* : « Je ne l'ai pas écrite pour le film ». « Un de mes amis a écrit les paroles d'une des chansons il y a quelques années, et j'ai écrit l'autre avec un type il y a environ un an. Elles étaient simplement enregistrées sur mon ordinateur et je pense que Nikki Reed les a données à Catherine. Elle les a mises dans le montage et m'a demandé de regarder. Cela m'a semblé vraiment chouette. Je ne l'aurait jamais pensé. Jusqu'à récemment je ne savais même pas que c'était dans la bande-son. »

Never Think a été écrite par Robert et son ami d'enfance Sam Bradley. Ils sont amis depuis l'école de Tower House et c'est Bradley, le chanteur compositeur, qui a enseigné à Robert à jouer de la guitare. Ils s'étaient perdus de vue pendant des années suite à la décision de Bradley de déménager à Vancouver au Canada. Mais avec Robert transféré à Portland, aussi sur la côte ouest, mais aux États-Unis, pour les besoins du tournage de *Fascination*, cela leur a semblé une chance idéale de renouer leur amitié.

Durant les moments passés ensemble à rattraper le temps perdu, à évoquer les souvenirs, ils ont commencé à travailler sur une nouvelle chanson ; le morceau a fini par devenir *Never Think*. « Cela a commencé avec le meilleur morceau de piano que j'avais jamais lu, a déclaré Robert. Je suis arrivé avec la mélodie. Mon meilleur ami a écrit les paroles et je les ai mises avec la musique. Pour *Let Me Sign*, je l'ai écrite avec un autre gars. C'était super, et cela a aussi aidé mes amis. »

« Je n'avais jamais entendu parler de *Twilight* et lui non plus » a dit Bradley. « Il m'en a parlé dès qu'il a eu le rôle. Il était simplement concentré dans le but de le faire aussi bien que possible. Ce qu'il m'a dit principalement, c'était qu'il allait être tout près de Vancouver.

Lorsque Rob joue de la musique il est vraiment en connexion avec ce qu'il fait, alors chaque fois la chanson est différente, cela ne semble jamais pareil. C'est vraiment chouette, il vit le moment présent. Donc l'enregistrement qu'il a fait de *Never Think* ne sera jamais pareil à nouveau, c'est ce qui est intéressant. »

La deuxième chanson, *Let Me Sign* a été mise dans un moment particulier du film, celui où Bella est proche de la mort. Normalement, c'est une chanson avec une profonde orchestration qui devrait accompagner une scène comme celle-ci, mais Hardwicke a pensé que la voix de Robert allait la rendre encore plus émouvante.

« Ils ont tous été vraiment choqués lorsque j'ai dit que je voulais mettre la chanson *Let Me Sign* dans la scène de la "mort" de Bella au studio de danse où elle est en train de s'éteindre à cause du venin et du sang. Vous ne vous y attendez pas, mais lorsque vous entendez cette chanson de profonde angoisse et de douleur, c'est puissant et merveilleux. »

Pour cet acteur sensible, la pensée que quelqu'un

pouvait vraiment être intéressé à sa musique était quelque chose de nouveau. « Parfois j'ai joué des concerts, mais en général je joue dans des lieux intimes sans aucun spectateur. Je ne savais pas où ils allaient la placer ; Catherine a dit qu'elle serait dans un endroit inhabituel. J'ai pensé qu'elle allait se retrouver au générique, vous pouvez mettre n'importe quoi au générique mais ça peut aller. Néanmoins l'atmosphère de la chanson correspond à l'atmosphère de la scène. »

Catherine ne fut pas la seule à être impressionnée par l'habileté musicale de Robert. Le réalisateur de musiques de films, Adam Smally a dit avec enthousiasme : « Rob Pattinson est probablement l'un des musiciens les plus talentueux que j'aie jamais rencontrés. Il a compris instinctivement le thème que Carter [Burwell, le compositeur des musiques du film] a écrit et c'est justement cette magnifique petite berceuse qui unit ces deux personnages. C'est quelque chose de magique. »

L'une des plus fameuses scènes de *Twilight* montre un Edward talentueux jouant une sérénade à Bella au piano. Ce jour-là lorsqu'ils sont venus filmer, ils n'avaient aucune musique à donner à Robert, car le compositeur officiel n'avait pas encore été engagé. « Donc Rob nous a amusé avec deux heures de concert, en faisant tout simplement la plus belle musique que j'avais jamais entendue, car elle venait du cœur » a dit Hardwicke.

Toutefois, après avoir impressionné tout le monde, deux semaines plus tard on lui a demandé de renouveler l'expérience, mais cette fois en jouant la musique composée par Carter. Ce n'est pas ce qui a plu le plus à Robert, ce qui se comprend. « Je crois qu'il avait des envies de meurtre ce jour-là, a plaisanté Hardwicke. Mais c'est un pianiste tellement bon. Je voulais que les spectateurs voient que c'était lui. »

Le morceau de *Bella's Lullaby* a fini par devenir si populaire qu'il a été publié depuis en partition. Bien que le morceau ait été écrit par Burwell, qui a dit qu'il « représente la sexualité adolescente », le compositeur a rapidement fait ses louanges à Robert, en le désignant comme un « talentueux pianiste ». Considérant les références de Burwell ce sont en effet des louanges. Le compositeur est un collaborateur régulier dans les films des frères Coen dont *Fargo* et *Burn After Reading*.

Ironiquement, malgré les protestations de Robert sur le fait qu'il n'était pas prêt pour être une vedette musicale, la musique du film de *Fascination*, dans laquelle figure *Never Think*, s'est vendue à 165 000 exemplaires. Un chiffre impressionnant pour un album de musiques de film et qui a fini par devenir la meilleure vente pour une bande-son de film d'Atlantic Records.

Bien sûr la présence de Robert a sans aucun doute aidé à la vente. Robert a déclaré : « Je n'y avais pas vraiment pensé auparavant. Je n'imaginais pas qu'elle allait se retrouver dans une bande-son ou quoi que ce soit d'autre. Je voulais le faire sous un autre nom, car je pensais que cela pouvait distraire le public, ce qui s'est d'ailleurs passé. Donc cela a probablement été une grosse erreur, mais j'aime bien l'idée et je pense aussi que la chanson est en harmonie avec le film et je ne pense pas que cela était dû à ma personne. Donc j'imagine que cela va marcher, mais je ne sais pas. »

Robert n'est pas le seul dans sa famille à avoir des

talents musicaux. Sa sœur Elisabeth (ou Lizzy) est auteur-compositeur et s'est retrouvée trois fois au Top 20 britannique, dont deux avec le groupe Aurora (*Dreaming* et *The Day It Rained Forever*) et une avec le producteur Milk and Sugar (*Let The Sun Shine*). Cette dernière a terminé numéro un au hit-parade Billboard Hot Dance Club.

En effet il y a quelques années, lorsque Robert se dispersait encore dans des productions amateurs, Lizzy était l'actrice, vedette en devenir, de la famille. Elle est apparue dans plusieurs pièces et s'est essayée à la comédie, jouant dans des sketches. Mais le destin avait d'autres plans pour elle et elle s'est retrouvée dans le monde de la musique. Comme son jeune frère, elle a commencé en chantant dans des pubs et des clubs à Londres, mais alors que Rob prit la route de l'interprétation, un dénicheur de vedette de la EMI découvrit Lizzy et en à peine un an, elle devint un membre d'Aurora.

Lizzy figure aussi dans l'accompagnement vocal de *Fascination* pour le morceau du compositeur Carter Burwell, *Who Are They?,* lorsqu'Edward fait son entrée dramatique dans la cantine de l'école. C'est « la voix mystérieuse, éthérée, calme » (selon Hardwicke) de Lizzy qui est présente en fond sonore. Bien que Kristen en plaisantant ait dit que cela donnait « la chair de poule », elle reconnaît que Lizzy chantant pour son frère « ça va bien avec les Cullen. »

Toutefois, c'est à cause des expériences de sa sœur que Robert ne s'est jamais précipité pour entrer dans l'industrie de la musique. « Ce n'est pas juste, les gens doivent quémander un contrat. Ma sœur travaille tellement pour faire de l'argent et je crois que cela vous démolit. Je pense que c'est beaucoup plus simple de faire de l'argent dans le monde du cinéma, non pas que ce soit plus facile, mais il n'y a pas autant de pression sur vous. Vous ne devez pas être si humble, alors que dans l'industrie de la musique vous devez vraiment vous incliner devant un tas de personnes pour être remarqué. »

Cela aurait dû être un plateau de film musical, car Robert n'était pas le seul à avoir du talent. Jackson Rathbone, qui interprète Jasper Hale, est dans un groupe, tandis que Nikki Reed « joue un peu de guitare ». Kristen est aussi une guitariste et elle joue le rôle de la chanteuse Joan Jett dans le film biographique *The Runaways.* Le groupe de Rathbone, baptisé 100 Monkeys, a joué un concert à Vancouver lors du tournage de *Tentation* et la distribution, l'équipe ainsi que Meyer y sont allés pour le soutenir. Ils furent impressionnés. « Jackson Rathbone joue vraiment de la guitare ! » s'est écriée enthousiaste Meyer.

Lorsqu'ils ne jouaient pas de la musique ils passaient le temps en allant en écouter. « Rob et moi sommes allés écouter les Kings of Leon et ils étaient vraiment bien, se rappelle Reed. Il m'a fait connaître tout ce monde. Y compris Van Morrison. J'y suis allé et j'ai vu The Raconteurs en sa compagnie. Oh ! et Aretha Franklin. J'aime un tas de vieux chanteur de blues. »

« Rob Pattinson, Kristen et Nikki ont fait un tas de jam-sessions, a révélé Rathbone, et Kellan Lutz [Emmett Cullen], Ashley Green et Peter Facinelli passaient leur temps à jouer de la musique dans leur chambre d'hôtel et continuaient même sur le plateau. »

Les fans du film peuvent seulement espérer qu'un jour ils formeront un groupe, The Twilight Band!

Hardwicke fut reconnaissante aux membres de sa distribution d'être des fans de musique, car Robert et Kristen en particulier, l'aidèrent régulièrement à choisir les chansons à insérer dans le film. « C'est comme une énorme et incroyable famille, a-t-elle dit. Au cours des six mois et avec deux cent cinquante personnes concernées, le fonctionnement des dynamiques familiales a oscillé entre très bon et déprimant. Avec certains membres de la famille, vous n'attendez que le moment de leur dire au revoir alors que d'autres vous manquent sincèrement.»

« J'ai vécu pour ces jam-sessions créatives. Nos vedettes Rob et Kristen avaient de grandes idées à propos de la musique. Rob a enregistré plusieurs chansons pour le film et Kristen a suggéré la chanson pour le bal de fin d'année de *Iron and Wine.* »

Ce n'est pas le premier film dans lequel la voix de Robert s'est retrouvée sur la bande-son. Il a interprété Art dans *How to Be*, un chanteur compositeur qui a du mal à percer et croit, à tort, qu'il aura la chance d'aller plus loin. « Les paroles de ses chansons sont très littérales, a expliqué Robert. Art parle par exemple de ses problèmes avec ses parents et les paroles deviennent « j'ai des problèmes avec mes parents, je ne sais pas quoi faire. » Il est très sérieux. Art tente d'être un musicien, mais il n'est pas bon du tout. Il a l'énergie et le dynamisme pour tenter et réussir, mais il manque tout simplement de talent. Il joue des chansons avec sa guitare à des séances d'improvisation et d'autres choses du même genre, mais c'est épouvantable. La bande-son est composée de sortes de « séquences de rêve » des chansons, qui sont arrangées de manière vraiment compliquée et montrent ce qu'il pourrait faire, mais qu'il ne parviendra jamais vraiment à réaliser. Les gens sont vraiment honnêtes lorsqu'ils jouent devant les spectateurs. Même lorsqu'ils savent qu'ils sont mauvais. Ils ressentent vraiment le besoin de jouer devant des personnes. C'était assez drôle d'interpréter ça dans le film. »

Toutefois, Robert a admis que le rôle lui a posé certaines difficultés. « C'est amusant : c'est assez difficile de feindre de jouer de la guitare vraiment mal lorsque vous savez comment en jouer. Cela s'est révélé un des côtés les plus difficiles du rôle. Je suis déjà allé à quelques *open mic* dans ma vie, et j'ai vu combien certains peuvent être mauvais. » Oliver Irving, le réalisateur du film, se rappela : « Il minimisait sa bravoure. Souvent il finissait par faire sortir la bonne technique qu'il avait et nous devions lui dire de jouer plus simplement. »

Dans une autre interview, Robert a réaffirmé qu'il ne voulait pas planifier une carrière musicale. « Je ne veux pas l'exercer maintenant. Cela me semble un peu de mauvais goût, comme si je tirais profit de la situation. Si cela avait été mon film et que je l'eusse écrit, je n'aurais eu aucun problème, mais je ne veux pas le faire en profitant du travail de quelqu'un d'autre. »

Mais la musique sera toujours proche du cœur de Robert et il n'a pas exclu de s'y essayer un jour à l'autre. « Je veux vraiment être totalement dans l'interprétation maintenant car c'est agréable de passer d'une condition où personne ne s'occupe vraiment de vous à celle où tout se retourne. C'est agréable d'être sur un pied d'égalité avec vos contemporains pour avoir de bons rôles, et cela n'arrive que quelques fois. Cela serait un peu stupide de jeter ça maintenant. Dans ma tête au moins, j'ai à peu près cinq années de travail en continu et je ne ressens pas vraiment le besoin de vacances. Un jour j'aimerais vraiment faire un album, mais il y a une telle étiquette qui est accrochée aux acteurs qui font de la musique. Je devrais essayer et le faire anonymement ou attendre le moment où je serai au chômage. »

Toutefois, il y a un projet de rêve qui pourrait voir les deux talents de Robert réunis : un film biographique sur son chanteur favori. « J'adorerais jouer Van Morrison... Mais je doute d'avoir le rôle. *Brown Eyed Girl* et *Wild Night* ont été mes inspirations pour faire de la musique la première fois. Je l'ai vu il n'y a pas longtemps à Hollywood Bowl. Je l'avais vu déjà cinq fois avant et il a été magnifique. Il a joué comme trente ans auparavant. Il y arrive encore. Il a joué la totalité de son album *Astral Weeks*. C'était incroyable. Il était aussi libre qu'à cette époque-là. Il était plus jeune, ce qui était extraordinaire. J'adorerais faire quelque chose avec lui maintenant. »

Mais s'il ne peut pas le faire, peut-être pourrions-nous voir Rob comme juge dans l'émission *X-Factor* ? La réponse est oui si Danii Minogue poursuit sa voie. « J'ai entendu dire que la vedette de *Twilight*, Robert Pattinson, est un énorme fan de *X-Factor*, a-t-elle dit. Je sais que maintenant il passe la plupart de son temps en Amérique, mais mon équipe de *X-Factor* aimerait bien le rencontrer. Il a donc officiellement été invité par la bande à participer à l'un des spectacles en direct ! »

Un spectacle à ne pas manquer !

Chapitre douze

Une nouvelle lune

« Elle essaie de guérir de mon absence, mais cela devient une dépendance. » – Robert Pattinson

Malgré le succès de *Twilight*, Robert n'était toujours pas sûr si oui ou non il allait finir par faire son personnage à nouveau. Il a plaisanté avec un commentaire sur le DVD de *Fascination :* « Ils ont fait de l'argent maintenant. [Ils se demandent probablement] où est Efron ? Vous n'avez pas besoin de chercher des acteurs londoniens à 350 livres sterling maintenant ! »

Alors ce n'est pas surprenant de voir Robert Pattinson retourner à Edward Cullen, encore moins de savoir qu'il n'est toujours pas sûr d'interpréter le personnage à sa juste valeur. « Je suis surpris d'une chose : combien je me suis senti détendu par rapport à tout ça. J'étais vraiment nerveux, spécialement à cause des attentes et tout ce qui va avec, mais le premier a si bien marché. J'avais réellement la trouille. La dernière fois je n'avais aucune attente, mais cette fois en quelque sorte je perds un peu les pédales. « Je m'en voulais vraiment à propos de certaines choses dans le film précédent, mais grâce à son succès, je pense en quelque sorte qu'au moins j'ai bien fait deux choses. J'avais une sorte de création qui, je le savais, plairait au moins aux spectateurs... enfin peut-être. »

Toutefois, pour Kristen Stewart il n'y avait pas de tels problèmes. « C'était bizarrement facile d'y retourner et je ne sais pas pourquoi. D'habitude je quitte un projet et j'effectue comme un processus de deuil. Je ne peux pas le quitter, et ensuite une fois que je le fais, j'ai besoin de m'en éloigner car cela me tourmente en quelque sorte. Mais je pense qu'en sachant que je devais y retourner, j'ai fait en sorte qu'il ne me quitte pas. En plus, c'est vraiment un personnage net et très franc. Et j'avais une ultime ressource : une série de livres bien explicites. »

La suite de *Fascination* a démarré rapidement. Un des arguments avancés était celui d'exploiter son succès et de satisfaire la demande des fans. L'autre raison était beaucoup plus pratique. Pour une série où figurent des jeunes vampires qui n'ont pas d'âge, cela semblerait un peu stupide si les films se réalisaient à deux ou trois ans d'intervalle et les jeunes acteurs sembleraient passablement plus vieux que dans l'histoire.

« Nous sommes en train d'aller aussi vite qu'il est humainement possible, en particulier parce qu'il y a au moins quatre histoires à raconter » a expliqué le producteur Greg Mooradian alors qu'il peaufinait *Twilight*. [...] Nous avons souhaité conserver une réelle consistance à la manière dont nous étions capables de le faire le plus rapidement. Certaines des autres histoires sont même des plus grosses productions, donc elles requièrent un temps de préparation plus long. [...] Cela a été discuté. Je ne peux pas vous dire à quelle place nous en sommes maintenant, mais nous en avons vraiment parlé » a-t-il ajouté, se référant à la possibilité de tourner des suites l'une après l'autre, comme avec *Le Seigneur des anneaux*.

L'auteur, Stephenie Meyer, est d'accord, elle a déclaré : « Je pense que cela serait probablement une belle manière de le faire. Cela donne un sens au monde où les acteurs sont à vrai dire en train d'agir et là où leurs personnages n'existent pas. Cela me semble très sensé, mais naturellement, nous sommes toujours en train de négocier le contrat là-dessus. »

Le problème principal pour la suite a été comment accorder plus de temps à l'écran au personnage de Robert, Edward Cullen. Ce n'est pas parce que Robert était devenu une star, mais plutôt à cause de l'absence du personnage pendant une grande partie du livre.

La réalisatrice Catherine Hardwicke, peu avant d'être remplacée par Chris Weitz, réfléchissait sur un point : « Lorsque vous lisez le livre, vous vous demandez : « Comment ceci va-t-il fonctionner ? » C'est un des actes de mise en équilibre qui a été considéré. C'est vraiment un problème, car nous aimons tous l'alchimie qui existe entre Rob et Kristen, mais c'est aussi ce qui est grand dans *Tentation*, il doit se détacher de Bella et elle tombe dans une profonde dépression. Ceci est toute l'histoire, et vous devez en garder l'intégrité. »

Le côté qui l'emballait, c'était d'abandonner l'histoire racontée à travers les yeux de Bella. Cela pouvait être l'une des possibilités, a-t-elle déclaré à MTV. « Mais de cette façon l'histoire était un peu déprimante ; cela donne l'impression qu'il est juste assis dans une chambre et boude. Mais, vous pouvez toujours rendre cela intéressant. »

En vérité, l'absence de Robert était un cauchemar pour les patrons du film. Ils avaient eu du mal à trouver leur protagoniste principal à l'écran, avec un long processus de casting, et c'était très dur dans le second livre !

Très curieusement la décision de laisser Cullen en dehors de plusieurs pages dans *Tentation*, était quelque chose que même Meyer détestait. Mais c'était purement dans sa croyance de toujours suivre ce que le personnage voulait faire. « Alors que j'ai commencé l'intrigue de *Tentation*, il était clair qu'Edward était Edward, et il désirait se comporter seulement à la manière d'Edward » a-t-elle expliqué au magazine *Film Fantasy*.

« Je ne voulais pas qu'Edward parte. J'ai donné un ton correct tout aussi violent et larmoyant que ce que j'ai lu dans les forums de *Tentation*. Un jour lorsque *Midnight Sun* sera disponible, je crois que vous comprendrez mieux ce qui se passait dans la tête de ce garçon. »

Melissa Rosenberg, l'auteur du scénario, a ajouté : « C'est intéressant. Physiquement il n'est pas beaucoup présent dans *Tentation*, mais c'est beaucoup plus une présence à travers l'esprit de Bella dans le livre, donc Stephenie le garde vraiment très vivant à travers son livre. C'était le défi pour le scénario, y réussir de la même manière et rester fidèle au livre. Je crois que nous avons trouvé une façon de le réaliser. »

Kristen a enchanté les fans en disant : « Vous aurez plus de Robert Pattinson que vous ne vous y attendez. » Weitz, le réalisateur de *Tentation*, est d'accord avec les commentaires de Kristen et a déclaré : « Elle passe beaucoup de temps dans le film à poursuivre des pensées dangereuses, dans un certain sens elle fait ainsi appel à lui. Donc vous le voyez pendant un certain temps. Et elle le voit durant le premier chapitre jusqu'à ce qu'il décide qu'il vaut mieux qu'ils se séparent. Ensuite elle va vers lui et le sauve dans le troisième chapitre. Le deuxième est axé autour de lui à travers les sensations, les souvenirs et les rêves de Bella. »

« C'est une voix séparée dans le livre, a ajouté Robert. Cela aurait semblé un peu ringard, donc nous lui avons donné quelques brèves apparitions, des hallucinations » a-t-il ajouté lors de l'événement Comic-Con en 2009. « Il y a une séquence de rêve et, je pense que personne ne s'y attend » a-t-il déclaré à l'Entertainment Tonight. « Edward est comme une sorte de démon. Les gens vont probablement penser : « Quoi ? ! Non, vous ne pouvez pas faire ça ! » Donc heureusement, ils vont un peu avoir peur pour ça. Je veux vraiment que ça soit un peu dérangeant. »

Ce qui le préoccupait le plus c'était sa présence dans le film, il a dit au magazine *Film Fantasy* : « Je veux vraiment être d'une absence totale, et que les autres soient tout le temps en train de parler de mon absence. Au final c'est plus facile de donner plus de pouvoir si je suis complètement absent. Néanmoins cela ajoute une difficulté, comment savoir jouer aussi peu que possible sans être mort, mais en maintenant toujours une sorte d'intérêt. Je ne sais pas si je m'exprime assez bien. C'est vraiment difficile d'interpréter l'invention de l'imagination de quelqu'un d'autre et je ne veux pas saturer le film avec ma présence. »

« Il y a deux séquences de rêve auxquelles personne ne s'attend je pense. Elles sont juste sombres, bizarres. Bella a un terrible cauchemar. Si quelqu'un a déjà eu une sorte de cauchemar où vous vous réveillez et vous êtes complètement en larmes après... Bon, elle ne pleure pas pour rien, donc nous pensons à la manière la plus dérangeante, presque cauchemardesque et horrible de le jouer. Car à ce moment-là je ne suis pas en train d'interpréter Edward, je représente la personnification de ses très profondes insécurités, lesquelles je pense sont nombreuses dans ce livre. Donc oui, c'est assez drôle de faire ça. »

Robert a bien accueilli le fait que son personnage rompe avec Bella, car cela a représenté une chance de faire quelque chose de différent dans la série. « La scène ou nous rompons temporairement, d'un côté, est complètement impossible. Et de l'autre, cela donne un ton vraiment différent à la série. Je pense que ce sera bien » a-t-il affirmé à MTV.

Il s'est aussi avéré que Robert a toujours eu un point de vue tendre pour le second épisode de la série, malgré qu'il y soit toujours un personnage de soutien. « *Tentation* est mon tome préféré. Principalement parce qu'Edward y est vu sous une lumière romantique, et il est sans aucun doute humble. Il l'aime beaucoup trop mais il ne peut pas rester auprès d'elle, donc il fait exprès de rompre, ce qui je pense est vraiment une chose touchante et douloureuse. »

« La scène finale montre Bella sauvant Edward. Je trouve que c'est juste amusant alors que tout le monde voit Edward comme un héros, il est continuellement sauvé par la demoiselle en détresse. »

Toutefois, le point principal en discussion a été comment la troupe, qui était incroyablement proche de Catherine Hardwicke, percevrait le nouveau réalisateur, Chris Weitz. Hardwicke a dû être remplacée pour des raisons d'incompatibilité d'emploi du temps. Les épopées fantastiques ne sont pas étrangères à Weitz, comme le prouve son travail *À la croisée des mondes : La Boussole d'or*. Mais tous se sentaient concernés car la troupe étroitement liée aurait pu trouver difficile de l'accueillir chaleureusement.

« Chacun pense différemment » a dit Kristen à propos du changement. « Tout le monde me demande si c'est différent car c'est un homme au lieu d'une femme. Cela équivaut à comparer des pommes et des oranges. Vous ne pouvez définir les gens comme ça. Chacun a son appartenance et vous ne pouvez pas faire des généralisations. Chris est vraiment un gars plein de compassion. Si cela doit être un homme qui dirige le film, c'est une sorte d'être parfait car il est infiniment doux et sensible, et en même temps il a la volonté d'aller là où le plus sombre de l'histoire se dirige. »

Robert n'a pas de problème. Même avant que le tournage ait commencé, il était publiquement excité au sujet de la suite. « Je crois qu'il va y avoir une continuité, mais c'est étrange, car ils tournent dans une ville différente du premier film. J'ai parlé un peu avec Chris, mais seulement de mon personnage ; je n'ai pas vraiment parlé de façon générale. Mais Chris est grand avec de la matière en visuel, donc cela devrait être assez impressionnant. » « Esthétiquement, l'aspect est vraiment contrastant » a-t-il ajouté dans une autre interview. « Le scénario était vraiment différent. C'est une atmosphère complètement divergente. Donc, je suis vraiment curieux de voir ce que cela va donner. »

« Catherine a un style ainsi qu'une atmosphère tellement spécifique. C'est complètement une autre atmosphère dans celui-ci. Chris est grand. Je l'aime vraiment bien. C'est réellement un film différent. Catherine a une sorte de pureté en elle et un point de vue pas du tout cynique sur le monde. Je pense que Chris est un petit peu plus cynique et regarde les choses d'une manière plus ténébreuse. Je crois que ce sera un film sombre. »

Weitz s'est simplement complimenté de son jeune acteur. « Il est vraiment réfléchi, intelligent, un espèce de type timide qui aborde bien les choses je crois, malgré cette notoriété extraordinaire qui lui est tombée dessus. »

« Je crois qu'il est conscient de l'absurdité de la situation et que d'une certaine façon il n'en tire pas avantage. En fait je suis vraiment impressionné avec Kristen et Robert du degré auquel ils s'engagent à être fidèles aux livres et de construire les personnages en cherchant à se comporter de la manière dont ils le font dans le film. Ils le prennent au sérieux, ils ne traitent pas la chose comme une sorte de franchise, de numéro ou de gag, ils tentent de réaliser autre chose. Ils veulent vraiment offrir la meilleure version possible de ceci. »Plusieurs nouveaux membres ont rejoint l'ancienne troupe. L'arrivée de Dakota Fanning et du célèbre acteur Michael Sheen en particulier a enthousiasmé Robert au début du tournage. « J'étais vraiment heureux du choix de ces deux acteurs, a-t-il déclaré. Je crois que c'est génial et que Michael Sheen est amusant. Je pense que c'est vraiment une très bonne distribution. »

Mais cela ne serait pas la saga *Twilight* s'il n'y avait pas quelques drames. Robert a eu quelques ennuis après avoir coupé sa fameuse chevelure avant que le tournage ne reprenne la suite. « Mais que puis-je lui dire ?, commentait avec esprit sa covedette Ashley Green ! J'aime les types aux longs cheveux. Je pense qu'il a ses attachés de presse, j'en suis sûr. C'est-à-dire que chacun de ses mouvements sont enregistrés, photographiés et documentés, donc je ne vais pas lui rendre la vie plus dure. »

« Robert s'est aussi blessé lors de la première scène qu'il a tournée, et il a dû avoir un massage approfondi des fesses après s'être froissé les ligaments du grand fessier. Vous pouvez parier que la femme qui a dû faire ce travail resservira cette histoire trente-six fois par la suite ! »

Une fois le tournage de *Tentation* achevé, Robert fut vraiment emballé par son expérience avec Weitz comme il le fut lors de leur première rencontre. « Ce n'était pas seulement le réalisateur qui a rendu [ce film] si différent. Nous savions à qui nous avions affaire. J'ai eu un rôle en majeur partie de support dans celui-ci. J'ai commencé trois semaines après les reprises et j'ai fait un tas de mes scènes avec une apparition où je donnais une réplique de dialogue par semaine. Donc cela a été le travail le plus relax que j'ai fait. Chris a vraiment une présence apaisante et je me suis senti bien à l'aise avec lui. J'ai eu un travail sans stress. Toute la pression était sur Taylor ! » En effet elle reposait sur Taylor Lautner, qui reprenait son rôle comme Jacob, l'ami de Bella, remplissant la grosse brèche laissée par l'absence de Robert.

Avec *Tentation* débute le fameux triangle amoureux. Pendant l'absence d'Edward, Bella cherche du réconfort dans les bras de Jacob, souffrant lui-même d'une situation hors norme : c'est un métamorphe, un loup-garou.

« Elle essaye de guérir de mon absence, a déclaré Robert, mais cela devient une dépendance. Plus je suis absent, plus elle pense à moi. Dois-je me résoudre à ce compromis ? C'est tellement déprimant pour Jacob, car il a trouvé l'amour de sa vie et il sait qu'il sera toujours le meilleur, mais le deuxième. »

Ce n'est pas qu'il éprouve peu de sympathie envers le personnage de Jacob, mais il préfère souligner la situation critique d'Edward. « J'ai toujours pensé qu'Edward se sentait comme quelqu'un ayant vraiment tout perdu dès que James, Laurent et Victoria entrent dans l'histoire. Il n'y a pas pensé avant, mais il est déjà dans une spirale descendante et à partir de ce moment il lutte pour garder la tête hors de l'eau, essayant de nier les choses en prétendant que tout va bien. C'est la raison pour laquelle il doit partir si rapidement. J'ai toujours senti qu'il attendait ça, qu'il devrait partir dans peu de temps. »

Avec un talent indiscutable et entièrement dévoué à son métier, le splendide Taylor Lautner est destiné à de grandes choses. « Tout le concept, je pense, est basé sur le fait que si une personne pense que tout est voué à l'échec et réalise qu'elle a fait une autre erreur, elle doit s'arrêter. [...] Je ne crois pas qu'il soit vraiment méchant. Je pense qu'il le devient dans le tome suivant, où il se sent tellement... perdu. Il ne sait pas quoi faire. C'est une attitude typiquement masculine. Lorsque vous rencontrez quelqu'un dont vous tombez amoureux et qu'à travers vos propres doutes, vous continuez à tout gâcher, encore et encore. Vous réalisez par la suite qu'une fois que vous avez tout gâché, qu'il ne vous reste qu'une maigre chance. Mais Bella sait tout ce qu'il fait pour leur relation, bien qu'il conserve encore une sorte de culpabilité à propos de tout. »

Cela ressemble à un trait de caractère que Robert partage avec Edward. « Je suis comme ça tout le temps.

J'ai fait ça dans chaque relation que j'ai eue. Dès que j'aime bien une fille, je commence à m'en vouloir au point d'être ridicule, elle finit par me détester jusqu'à me plaquer. »

La scène de rupture est celle que Kristen a trouvé particulièrement difficile. « Avant cette scène, j'étais assise dans ma voiture, j'étais dans un état lamentable, je pleurais si fort que je ne pouvais plus respirer, j'étais réellement accablée et intimidée par cette scène. Tout le monde pensait : « Elle est vraiment capable de sortir ses émotions dans ce film ! » Et c'est un moment tellement important dans le livre, lorsqu'il part. « Je me suis dit : « Nous devons le faire maintenant. Dis-moi « juste que c'est fait. »

Il n'y a aucun doute que dans le second film figurent quelques scènes intenses, mais la distribution et l'équipe ont insisté pour que le tournage se passe de façon détendue et joyeuse. « *Tentation* était le plus heureux des tournages que j'aie jamais eus » s'est enthousiasmée la scénariste Rosenberg. « Le chauffeur qui m'a amené ici m'a dit : « C'est un grand tournage. Chris Weitz est un génie. C'est tellement merveilleux. » Je me suis dit : « Ok, tu en fais trop. » Mais à mon arrivée sur le plateau et c'était tout juste merveilleux. Chris « Weitz est tout simplement un maître zen. Je suis allée vers lui et je lui ai dit : « Tu es si tranquille et calme. Tout le monde l'est aussi. » Il m'a répondu : « Tu n'as « aucune idée de ce que ça me coûte. »

« Mon mari est un réalisateur et je sais ce que ça veut dire. Vous devez faire disparaître le moindre moment de panique et de frustration pour pouvoir projeter un tel calme. J'espère que Chris a eu de bonnes vacances entre la production et la post-production. »

Avec le troisième et le quatrième volets (*Hésitation* et *Révélation*), il est clair que Robert sera associé au personnage menaçant du vampire Edward Cullen, pour les temps à venir. Mais Robert est quelqu'un qui ne se repose pas sur ses lauriers et il cherchera quelques rôles originaux pour dissiper toutes les inquiétudes à propos d'un enfermement dans un rôle. Et les films dans lesquels il a joué lui permettront certainement de maîtriser ces craintes.

Chapitre treize

Les rôles futurs

« C'est l'un des scénarios les plus lyriques que j'ai jamais lus. »
– Robert Pattinson

Tandis que d'un côté Robert était ravi de retourner à la saga *Twilight*, l'engagement lui fit cependant manquer un film où il aurait désespérément voulu apparaître. Il dut renoncer à un rôle dans *Parts Per Billion*. Il avait été enchanté d'accepter ce film, comme il l'avait déclaré à *Vanity Fair* à propos de ces futurs plans. « Je ne vais pas le jurer, mais je suis sur le point de prendre part au projet appelé *Parts Per Billion*, qui est une sorte d'histoire d'amour existentielle opposée à la fin du monde. Les personnages forment trois couples, trois générations différentes. Cela se passe à Los Angeles. Je ne sais pas comment l'expliquer, mais c'est l'un des scénarios les plus lyriques que j'ai jamais lus dans ma vie. »

Olivia Thirlby, qui fut Leah dans *Junot* devait incarner avec Robert l'un des couples. Elle a dit de l'intrigue : « C'est magnifique, une histoire exquise à propos de trois couples et qui explore leurs relations de manière paisible. Le film se trame lors d'une attaque terroriste biologique et c'est difficile de l'expliquer. Mais son noyau est basé sur l'idée que l'amour est la force de vie la plus belle et la plus dominante, qui au final nous accompagnera de l'autre côté. C'est une sorte d'apocalypse pacifique qui est en train d'avoir lieu, mais ce n'est pas seulement au début ou au milieu du film, mais je ne sais pas quoi dire de plus car je ne veux pas dévoiler la fin. C'est l'un des scénarios les plus beaux que j'ai jamais lus. Il a été écrit et il sera dirigé par un gars appelé Brian Horiuchi, donc soyez attentifs. Cela va vraiment être super. »

Toutefois, des problèmes de calendrier ont obligé Robert à renoncer au projet. « Malheureusement, le calendrier de pré-production et de production de *Tentation* n'a pas laissé assez de temps à Robert pour travailler sur *Parts Per Billion* au début du tournage » a confirmé son porte-parole.

Mais même avant ce communiqué, Robert avait exprimé ses inquiétudes sur le fait qu'il allait perdre le rôle, car la date du début de ce petit film avait changé. « C'est ce qui est ennuyeux lorsque vous participez à des petits projets » s'était-il lamenté.

Il a aussi dit qu'il avait signé pour les suites de *Twilight*, mais qu'il tenait à s'assurer de pouvoir faire d'autres films. « J'essaye d'insérer quelque chose d'autre entre les films, a-t-il dit. Mais c'est en même temps fantastique de faire quelque chose qui intéresse les gens, car ainsi vous pouvez mettre tous vos efforts dans quelque chose. Et même si les gens le jugent de manière négative, au moins ils l'auront jugé. Au moins ils font attention à ce qui sort et ils feront une sorte d'analyse ou quelque chose comme cela. Donc si vous vous investissez beaucoup, vous pouvez espérer que cela payera. »

Le premier projet de Rob en dehors de la saga *Twilight* a été *Remember Me*, un drame centré sur la relation entre Tyler Roth, Robert et Ally Craig, Emilie de Ravin qui passe de la joie à la tragédie. C'est un film qui l'a beaucoup enthousiasmé et il a dit en parlant du scénario : « Quand vous arrivez à la fin, vous réalisez que vous ne voulez pas vraiment que cela se termine. »

Summit, qui a produit les films *Twilight*, s'est rué sur Robert Pattinson, le joyau de leur couronne, pour ce film aussi. En annonçant le film et leur protagoniste à la presse, ils ont décrit le synopsis du film ainsi : « Pattinson joue un jeune homme dont les parents [Pierce Brosnan et Lena Olin] se séparent à la suite du suicide de son frère qui l'a laissé tel un somnambule dans la vie. De Ravin jouera une jeune femme qui, après avoir assisté au meurtre de sa mère, décide de vivre pleinement sa vie. [Chris] Cooper a été sollicité pour jouer son père. »

Les médias se sont immédiatement emparés de l'association Brosnan et Pattinson, en notant que le nom de Robert avait été mentionné pour un futur James Bond. On se demande si Brosnan lui donnera quelques conseils ?

Robert a dit du rôle : « J'ai lu le scénario l'été dernier, il y avait quelque chose dans le personnage et dans sa manière de parler qui me ressemble beaucoup. C'est une écriture réaliste et je ressens vraiment une connexion avec le personnage. C'est difficile de le décrire. C'est un garçon qui a environ 23 ans et qui fréquente quelqu'un pendant six semaines. C'est vraiment une histoire de relations. C'est très naturel et les personnages sont incroyablement vrais et bien écrits dans le scénario. Je n'ai aucun doute à dire que l'auteur Jenny Lumet est un génie. J'ai passé un week-end avec elle et nous avons parlé du scénario et elle m'a demandé ce que je voulais en tirer. Elle a travaillé sur l'ébauche et environ une semaine plus tard elle a rendu le scénario. Elle avait capturé quelques nuances de ma voix et de mes manières. Le personnage dans le scénario me ressemble assez. »

Après ce film, il y a la grande production épique de *Unbound Captives*. Ce film, écrit par l'actrice Madeline Stowe, a été en travail pendant des années. Hollywood, pendant des années, désespérait de pouvoir projeter à l'écran cette histoire (une jeune femme qui cherche de l'aide auprès d'un garde-frontières après que ses enfants aient été kidnappés par une tribu Comanches), car Stowe refusait de le vendre aux studios sans pouvoir interpréter le rôle principal. Elle a finalement accepté de faire le film après avoir signé pour le diriger. Rachel Weisz jouera désormais le rôle féminin, avec Robert faisant équipe avec Hugh Jackman. Cela marquera les débuts de réalisatrice de Stowe.

En fait Stowe avait choisi Robert bien longtemps avant son grand succès dans la saga *Twilight*, donc si son œil de réalisatrice est à moitié aussi bon que celui qu'elle avait eu pour la distribution des rôles, alors il ne devrait pas y avoir de problèmes.

Le personnage de Robert, Phineas, a été décrit comme un guerrier fier, silencieux et distant. En parlant du rôle, Robert a déclaré : « Je ne peux pas en dire beaucoup, mais je sais que le scénario requiert l'étude des Comanches. Peut-être que cela sera comme *Danse avec les loups*, un rôle entièrement de Comanche. »

Dans ce rôle on s'attend à voir Robert faisant étalage de la force de ses muscles à travers des combats et des chevauchées. Toutefois, *Anonymous.com* a révélé qu'il n'apparaîtra pas dans le scénario avant les dernières scènes du film. « En définitive c'est un rôle de support » a commenté le site.

Robert a aussi signé pour être la vedette dans *Bel Ami* qui sera tourné en 2011, lequel est basé sur une histoire de 1885. Il semble que nous verrons Robert sous une lumière complètement différente cette fois. Il joue un arriviste « totalement amoral », qui manipule une série de riches et puissantes femmes pour obtenir ce qu'il désire.

Comme chaque film est différent des autres, ils devraient permettre de montrer les différentes facettes du jeu de Robert. Entre-temps, les fans de *Twilight* continueront à avoir leur dose. Le quatrième volet est programmé pour 2011, mais les rumeurs courent qu'il y en aura peut-être un cinquième, nous pourrions donc peut-être voir encore beaucoup de notre Edward Cullen sur le grand écran.

Chapitre quatorze

Célébrité, fans et canines

« *Tout ce que je veux, c'est ne pas me retrouver dans des situations embarrassantes.* » – Robert Pattinson

En accord avec son caractère solitaire, il n'y a rien que Robert préfère plus que jouer du piano et lire des montagnes de livres lors de son temps libre ! « Je n'aime pas trop me relaxer, j'ai l'impression de perdre mon temps » explique-t-il.

Lorsque Rob sort, c'est avec un petit groupe d'amis fidèles, des anciens étudiants de l'école d'art ou de nouveaux potes musiciens. « Bizarrement, j'ai le même groupe d'amis que celui que j'avais quand j'étais à l'école artistique, mais nous avons tous, je suppose, pris des chemins différents et nous sommes vraiment, très compétitifs les uns les autres dans nos domaines respectifs. Mes meilleurs amis sont tous engagés dans la musique, dans l'art ou dans l'écriture. Chacun fait son chemin. Je les ai toujours considérés comme des points de repère.

Les seules personnes à qui j'essaie de plaire ou que j'essaie d'impressionner sont celles de mon petit groupe d'amis. Cela ne m'intéresse pas vraiment d'avoir un plus large auditoire. J'ai toujours pensé cela depuis l'âge de 15 ou 17 ans. »

Malgré son attitude sérieuse à certaines périodes,

Rob a aussi un côté malicieux. L'un des ses passe-temps favoris lors de son enregistrement dans un hôtel est de s'inventer des noms. « J'étais Clive Handjob à Paris. Tout le monde dans l'hôtel m'appelait Monsieur Handjob. C'était du divertissement à bon marché. »

Il s'amuse aussi durant les interviews à inventer des choses, le cauchemar du journaliste ! « [Je leur dis] que je fais des choses vraiment intellectuelles pendant mon temps libre. Par exemple : « J'ai lu la première édition « des livres de Shakespeare. J'écris de la poésie. J'essaye « d'avoir mon master en neurosciences. Ça c'est ce que « je suis. » Mais, je ne sais même pas ce qu'est un master ! »

L'une des rumeurs persistantes le concernant, particulièrement dans la presse américaine, est qu'il aurait des problèmes avec l'alcool. Beaucoup de témoins disent avoir vu Robert trébuchant à la sortie de night-clubs, soûl, suscitant les spéculations de la presse sur le fait qu'il serait en train de lutter pour affronter l'énorme attention des médias sur lui.

Robert, ripostant à ses accusations, a dit : « Il n'existe pas vraiment quelque chose de semblable à un pub à Los Angeles, c'est une culture vraiment très différente. Je pense que les gens de Los Angeles ne comprennent pas vraiment combien il est normal d'aller dans des pubs à Londres quand on est jeune. Les gens pensent que c'est étrange. Là-bas, boire un verre est tout de suite associé à un jugement indélébile. Je ne l'ai jamais vraiment compris. Cela me semble tellement normal. En Angleterre, si vous voulez sembler un dur, vous sortez et vous vous saoulez et vous revenez avec les séquelles de la cuite, mais si vous faites ça en Amérique, on vous demande si vous avez un problème avec l'alcool ? »

« Je continue à être photographié sortant de ces clubs privés. C'est tellement embarrassant. Il y a une semaine où je suis sorti chaque nuit et où ponctuellement je me suis fait photographier par les paparazzis ou TMZ et j'ai alors réalisé : « Oh mon Dieu, j'ai l'air « d'un alcoolique fini. »

C'était juste le premier signe du fait que l'attention des médias commençait à faire comprendre à Robert le prix qu'il aurait à payer. Robert commençait maintenant à réaliser qu'il ne pouvait plus sortir dans un club sans que les médias ne finissent par spéculer sur ce sujet.

Il a finalement riposté lors d'une interview avec le *Guardian*, suite à une question à propos d'un commentaire qu'il avait fait, où il avait défini le petit budget de *Little Ashes* de « rien ».

« Je déteste avoir affaire à toute cette m**** !, a-t-il explosé. On m'a déjà demandé de m'excuser pour avoir dit cela. J'essayais seulement d'expliquer que c'était un tout, petit film. Il avait un minuscule budget. Je voulais seulement dire que s'il n'y avait pas eu *Twilight*, je ne sais pas combien de publicité *Little Ashes* aurait eu. Dans un monde idéal, tout le monde irait voir des films d'art sur Dalí et Lorca. Mais beaucoup de personnes n'ont même aucune idée de qui était Lorca. Les gens aiment toutes les choses négatives. »

Tout cela est né d'une déclaration faite au magazine *GQ*, dans laquelle il avait dit : « Ce n'est rien. Il n'aurait jamais été réalisé. C'est-à-dire, c'est quelque chose de terrible à dire, mais c'était un film où nous n'avions même pas de doublures ! Nous transpirions tout le temps. Nous n'avions même pas de caravanes. »

Dans la tentative d'apaiser les critiques, il a même fait quelque chose de très difficile pour lui, il a regardé sa propre interprétation dans *Little Ashes*. « C'est une sorte d'auto-flagellation, pourquoi ai-je voulu me donner cette peine ? Je ne voulais marcher sur les pieds de personne. C'était dur de voir ma première scène, dans laquelle je tourne avec ce petit chapeau rigolo... Je craignais de les voir, mais les scènes de sexe de Dalí et Lorca sont en fait les meilleures scènes. »

La décision de regarder le film est le signe que Robert « joue plus le jeu » maintenant. Il a toujours ses valeurs idéales, mais il a réalisé que ce sont des plaisirs additionnels au statut de vedette. Mais Robert insiste sur le fait qu'il y a certaines choses qui ne changeront jamais. Il ne laissera jamais tomber son groupe d'amis fidèles, peu importe combien ils deviendront fous.

« Je n'ai pas l'impression d'avoir changé. La chose la plus embarrassante est lorsque mes amis me demandent de les voir et que je dois leur dire : « Désolé, je ne peux pas aller à cet endroit car je sais que des photographes m'attendront là-bas. »

Dans une autre déclaration révélatrice sur les premières de films, il a dit : « Lorsque j'y vais, je pense que je suis en train de promouvoir le film, mais je ne le fais jamais. Je suis juste là pour faire hurler les fans. Je ne sais même pas ce que je suis supposé faire. Le seul truc que j'ai fait toute l'année a été d'aller de ville en ville, de rencontrer des gens hurlant et autres, pour répondre à des questions du genre : « Qu'est-ce que cela « vous fait d'incarner le rôle de la plus belle personne « au monde ? » C'est surréaliste. Puis, je vais retrouver mes amis et je leur dirai des trucs du genre : « Ouais,

« bon cette autre personne m'a demandé comment « c'était de jouer la plus belle personne au monde » et ensuite je suis allé dans cette chambre et il y avait cinq mille personnes qui hurlèrent en me voyant. J'ai la sensation de ne plus pouvoir parler de rien avec mes amis. Cela va me détruire lorsque je vais retourner à la maison. »

Malgré ses craintes, le futur pour Robert se dessine lumineux. La tempête médiatique qui l'enveloppe finira inévitablement par s'estomper lorsqu'une nouvelle coqueluche d'Hollywood prendra sa place, mais à la différence d'autres acteurs qui peuvent s'être laissés emporter par ce battage médiatique, Robert est conscient de l'inconstance du monde du spectacle. C'est pourquoi il s'est concentré sur le fait de cumuler une masse de travail qui puisse tenir le test du temps, plutôt que d'accepter n'importe quel scénario qui se présente à lui.

« Je préfère ne rien faire que faire quelque chose de stupide. Je sens qu'il y a trop de pression autour de cette idée de “carrière”. C'est un peu inquiétant. *Twilight* a fait tellement d'argent qu'aujourd'hui vous n'êtes pas jugé sur les qualités du film, mais sur combien d'argent rapportera le film que vous faites. C'est cela qui est vraiment à craindre. »

Heureusement pour Robert, il a un acteur, un modèle qu'il aimerait imiter. « Lorsque vous regardez un film sur DVD de Jack Nicholson, vous êtes presque sûr que ce sera quelque chose qui vaut la peine d'être vu. C'est, je pense, l'idéal vers lequel tendre. En fait il y a peu d'autres acteurs dont vous pouvez prendre n'importe lequel de leurs films au hasard. Beaucoup de films de Meryl Streep aussi sont comme cela. Je crois que Leonardo DiCaprio en est un autre également. Je pense que c'est pour cela qu'il m'inspire, juste pour cette raison. »

Mais Robert est un esprit libre, donc s'il joue, fait de la musique ou achève la rédaction de son roman, la seule chose qui est claire est que ce sera un succès parce que cela sera fait selon ses règles.

« Je ne suis pas excessivement préoccupé par le fait de jouer beaucoup. Si tout devait s'arrêter maintenant, je me dirais : « D'accord, ce n'est pas grave. » C'est probablement une chose stupide à dire, mais vraiment cela ne me préoccupe pas. Je pense que ce serait pire de faire plein de choses vraiment mauvaises. Car ensuite vous ne pourriez pas changer de carrière. Si vous avez fait croire à tout le monde que vous êtes idiot, vous ne serez jamais pris au sérieux, en tant qu'avocat ou quoi que soit d'autre, si vous êtes ridicule comme acteur. Tout ce que je désire, c'est de ne pas me trouver dans des situations embarrassantes. »

Et jusqu'ici il s'en est bien tiré, dans sa vie parfois folle, parfois calme, mais toujours intéressante.

Dans le catalogue des éditions Gremese

Simonetta Santamaria

Vampires

De *Dracula* à *Twilight*

Les vampires existent-ils ? Comment naissent-ils ? Où vivent-ils ? Quelles sont les diverses typologies de vampires ? D'où viennent-ils et pourquoi nous fascinent-ils autant ? C'est à ces questions et à beaucoup d'autres encore que ce livre répond, retraçant de façon détaillée et approfondie l'évolution dans le temps de ces créatures des ténèbres si aimées et si redoutées, et le rôle qu'elles jouent dans les mythes et le folklore mondial, dans la littérature, la B.D., la musique et le cinéma. Amplement illustré, cet ouvrage est une mine d'informations indispensables pour les vampirophiles de tous âges.

192 pages – 19,50 €